亲历中国丛书 ｜ 李国庆　主编

我的北京花园

[英] 立德夫人 ——————— 著

李国庆　陆瑾　译

九州出版社 JIUZHOUPRESS ｜ 全国百佳图书出版单位

图书在版编目（CIP）数据

我的北京花园 / （英）立德夫人著；李国庆，陆瑾
译. -- 北京 ：九州出版社，2025. 1. --（亲历中国丛
书 / 李国庆主编）. -- ISBN 978-7-5225-3535-7

Ⅰ. K928.9

中国国家版本馆CIP数据核字第2025CH6395号

我的北京花园

作　　者	［英］立德夫人	
译　　者	李国庆　陆瑾	
策　　划	李黎明	
责任编辑	张艳玲	
出版发行	九州出版社	
地　　址	北京市西城区阜外大街甲 35 号（100037）	
发行电话	(010)68992190/3/5/6	
网　　址	www.jiuzhoupress.com	
印　　刷	北京捷迅佳彩印刷有限公司	
开　　本	880 毫米 ×1230 毫米　32 开	
印　　张	10.25	
字　　数	200 千字	
版　　次	2025 年 5 月第 1 版	
印　　次	2025 年 5 月第 1 次印刷	
书　　号	ISBN 978-7-5225-3535-7	
定　　价	72.00 元	

总　序

　　《亲历中国丛书》的策划始于 2002 年，那时国家图书馆出版社还叫北京图书馆出版社，时任社长郭又陵先生来我校访问，我带他浏览了本馆所藏的大批与中国有关的西文旧籍。其时自改革开放后兴起的又一次"西学东渐"热潮正盛，域外汉学和中国学的经典作品在被有系统、成体系地引进。我们觉得，东西方文化的接触和交流，离不开旅行家、探险家、传教士以及后来的外交、商务人士和学者。这些来华外国人的亲历纪实性著作，虽然不是域外汉学的主流，也是与汉学和中国学紧密相关的材料，值得翻译出版。郭社长回去后邀请中国中外关系史学会会长耿昇先生担任共同主编，获得首肯。耿先生并为丛书作序，确立宗旨如下："《亲历中国丛书》只收入来华外国人的亲历纪实性著作，包括探险记、笔记、考察报告、出使报告、书简等。内容力求客观、公允、真实，并兼顾其科学性和可读性。在允许的范围内，力求满足中国学术界的需要，填补空白和弥补不足之处。"也就是说，集中从一个方面配合方兴未艾的对西方汉学（中国学）的研究，提供国内难得一见的资料。

经过 2 年的运作，第一批 2 种译作于 2004 年面世，反响颇佳。至 2010 年，《丛书》出满 10 种，耿昇先生退出，改由郭又陵社长共同主编，笔者写了新序，装帧也更新了。接下来的 6 年又出版了 10 种，郭社长荣休，出版社领导更替，此后只履约出版了 3 种签了合同的书稿，《丛书》的出版于 2019 年告一段落。

回顾历程，必须感谢郭又陵社长作为出版家的远大眼光和胸襟。这部丛书的经济效益或许并没那么好，社会影响却出乎意料的好。《丛书》中的《一个传教士眼中的晚清社会》获 2012 年度引进版社科类优秀图书奖，《古老的农夫 不朽的智慧——中国、朝鲜和日本的可持续农业考察记》被评为第十三届引进版社科类优秀图书，于 2002 年正式启动的国家清史纂修工程曾有意把它纳入，因技术原因未果。学界热烈欢迎这类域外资料，从中发现不少有用的材料。比如《我看乾隆盛世》，书名几成口号，内容被多种著作引用。即便是民间，该书也引起一些有趣的反响。比如《我的北京花园》中立德夫人客居的到底是哪个王公的园子，一批网友曾热烈地探讨过。其作为史料的意义，更是突破了最初设想的汉学范畴，日益彰显丰富。简而言之，因为《丛书》所选的西文旧籍都是公版书，当初截止于晚清，目前已扩展至民初，差不多涵盖整个近代。

近代史料的形式多种多样，过去相当一段时期，学界对与政治史相关的档案文献关注较多，其他，尤其是与当时中国的地方政治、经济、社会、文化、人物等相关的记载被相对忽略。本丛书所收集的纪实性著作的作者包括政府官员、军人、商人、传教士、学者、旅行家等。他们游历经验丰富，受过良好教育，在中国的时间少则半年，多则几十年，其中许多人还对中国社会的发展产生过重要的影响。他们对在中国的所历、所见、所闻做了细致深入的观察和记录。因为记录者是外来人，从而对中国人习以为常的事物天然地怀着某种好奇，对中国人无意识或不屑记录的内容的转述，到今天恰恰成为极为珍贵难得的史料。又因为近代中国天翻地覆的变化，当年各地的山川风物和社会百态多已烟消云散，却被凝固在这些西方人的著述当中了，就像琥珀中的昆虫，历尽岁月，依然栩栩如生。它们不但是研究中外关系、中外文化的互动等方面的极其重要的第一手资料，还是研究中国近代社会生活史方面的重要资料，正可以补上述之阙。换言之，这类旧籍有如一个包罗万象的宝库，不但人文社会科学的不同学科都有可能从中发掘出有用的材料，一般读者也可把他们当作 Citywalk 的指南，据以追怀各地的当年风貌，得到有趣的阅读体验。

我们还要再次强调，整理、翻译、出版这一系列丛书的目的，是为了保留历史资料，因而尽量少做删节，也不在文中横加评论。但是这些书的原作者，都来自 100 多年前，那样的时代，身份各异，立场多样，有些人免不了带有种族优越、文化优越和宗教优越的心态，行文当中就表现出对当时的中国、中国人、其他宗教、其他文化等的歧视。也许还有个别人是怀着对中国进行宗教侵略、思想控制、殖民控制等目的来到中国的。希望读者在阅读这些文字时，既有海纳百川的胸怀，也有清醒的认识；既要尊重他人的善意旁观，也要站稳自己的立场；对一些恶意的观点，坚持批判的态度。

因此，同样非常感谢九州出版社同仁的眼光和胸襟，愿意接过这套丛书继续出版。我们的计划是一边先再版早期的反响良好的译作，一边逐步翻译新书。再版的译文都请原译者修订一过，唯当初的翻译说明或序言之类一仍其旧，以存历史，特此说明。

李国庆

2023 年岁末于哥伦布市细叶巷

译者前言

好奇心，或曰求知欲，乃人类之天性。在其驱动之下，古今中外产生过无数著名的旅行家。他们不畏艰险、勇于探索的精神令人钦佩，他们饱览奇风异俗、亲历历史的经验更令人羡慕。毕竟并非人人都有条件或机缘成为这种旅行家的。因此，尽管有"百闻不如一见"的说法，他们留下的记行文字还是会成为满足我们的好奇心或求知欲的宝贵资料。

在这一意义上，虽然本书讲述的是中国的人物事件和风俗习惯，原先的读者对象也是外国人，却因那人物事件是百年前的人物事件，那风俗习惯是百年前的风俗习惯，对于不能亲历历史的这一代中国人来说，它还是值得一读的。

本书作者立德夫人当初并无成为旅行家的计划。她的本名叫阿丽霞·海伦·乃娃·毕维克①，原籍是英格兰的莱斯特郡，1845 年出生在马德里，20 岁后移民伦敦，从事写作和女权运动近 20 年。据现在可以查到的资料，她在此期间至少创作了八

---

① Alicia Helen Neva Bewicke。

部小说。尽管这些小说大多属言情一类，成就和影响也都不大，但因此而获得的文学修养对她日后有关中国的著作风行一时显然有极大的帮助。

她成为大旅行家的条件或机缘发生在 1886 年 11 月。在中国经商有成的阿奇博尔德·约翰·立德先生在伦敦与她成婚，第二年年初带她来了中国，此后直到 1907 年护送病重的夫婿回英国，她在中国生活了 20 年，足迹几乎遍布神州大地。在这个陌生的穿蓝色长袍的国度沉寂了几年之后，她以阿奇博尔德·立德夫人之名重操旧业，先后出版了十部著作^①。它们皆以中国为背景或跟中国有关系，其中尤以四本游记最受欢迎。所以伦敦《泰晤士报》于 1926 年 8 月 6 日刊登的讣告称她是"著名的中国专家"。她的作品至今仍是海外中国研究的重要参考书，她本人也成为博士论文和专著的研究对象^②。

她这方面的成就在过去的中国并没有引起多少注意。中国人记得她的是其在百年前为解放中国妇女之脚所做的贡献。《华声报》电子版在新世纪到来之时选出了 100 位在 20 世纪对中国产生过影响和作用的外国人士，她名列其一。她这一方面的活动在其《穿蓝色长袍的国度》中有较为详细的描述。该书已有中译，此不赘述。海外近年的学术专著《中国和西方：信念和活动家》^③中有一章"中国的观音菩萨第二，立德夫人和她的天

---

① 详见本书所附的《立德夫人著作一览》。

② 最近的例子是 Susan Schoeubauer Thurin 所著的 *Victorian Travelers and the Opening of China*，*1842—1907*，由 Ohio University Press 于 1999 年出版。

③ *China and the West*，*Ideas and Activists*，Mauchester University Press，1990.

足会"，也给了她的活动以充分的肯定。

给予她成为中国问题专家和中国女权活动家的条件和机缘的立德先生名声不如太太。他 1838 年出生于伦敦的一个著名的外科医生之家，在圣保罗学校接受了初级教育，14 岁去柏林继续深造，因而精通德语，1859 年来中国也是为一家德国公司工作。当时他弟弟威廉，中国记录多称立德尔先生，已先于他在中国上海经商了。1860 年，太平天国运动席卷中国南部，立德先生丢了茶叶鉴定师的工作，却得到了周游中国南方各省的机会。有资料称他去拜见过忠王李秀成，他在自己的文章中说过对天王洪秀全并无好感。事实是他参加了抵抗太平军、保护上海的战斗，加入过华尔的洋枪队。清廷为表彰其镇压太平军之功赏了他一个从三品的游击官衔，新中国当然就将他划入了阶级敌人之列。不过此后他还是回到上海跟弟弟一起经商，并颇为成功。就在此时他娶了立德夫人。在给予立德夫人条件和机缘的同时，他的人生也因此大为改观。在作家太太的影响之下，他经商之余也编译了一些中国故事，写下了数本记录亲身经历的游记。所以英国的《大不列颠名人录》后来也推崇他说"很少有人像立德一样热爱中国"，"他的许多著作是了解中国的标准书"。

和太太一样，作为作家的立德先生不久之前也还不为中国人所知。中国近现代史上记下的是他另一件褒贬不一的壮举：他于 1898 年首次驾轮船通过三峡，开辟了长江从宜昌到重庆的航路。褒的说这对开发中国大西南意义深远，贬的说他充当了侵略中国南部的急先锋、劫夺四川资源的野心家。事实是，他并没有因此而获得不管是中国还是英国当局的荣誉和奖赏，也没有获得多少实际的经济利益。历史一向都不是那么黑白分明的。有兴趣的读者不妨看看中译本《扁舟过三峡》，那既是他探索航路的艰辛记录，也是文笔生动的三峡游记。

除了短暂回英国访问之外，立德先生在中国生活了近50年。长期的奔波劳累严重地损害了他的健康。1907年他抱病由夫人陪伴回到伦敦，次年11月5日便去世了。立德夫人从此直至1926年逝世，也再没有回过中国。

本书译自1905年伦敦版本。书中插图、照片尽量保留。翻译分工是这样的：陆瑾译了序言、第一至第十一章和第十三章，我译了第十二章和第十四至第二十二章，最后由我校订统稿。所以如果有错，责任在我。

陆瑾对本书内容做过一个简洁而中肯的介绍，现照录如下：

本书描述的是1900年至1902年间，作者在北京短暂居住并在周边旅行时的见闻与感想。其时八国联军大举侵华，强占北京、天津、山东、东北等地；慈禧挟光绪仓皇西逃，复又还都；义和团遭镇压，退出京津；神州动乱，疮痍满目。作者除了生动细致地描绘了北京及周围地区的名胜古迹、自然风光和社会风俗以外，更详尽记录了这种历史背景下的许多社会生活场景和历史事件，如慈禧回京等。字里行间又时时流露出对中国古老文化遭到战乱洗劫的痛惜，对基督教传教活动的反思，以及对中华民族在未来崛起的信心。全书内容涉及历史、地理、宗教、教育、民俗、文化和晚清官僚体制等许多方面，除了有很强的可读性外，对于今天研究中国近代历史和社会生活等也具有很大的参考价值。

译事固难，而译外人所写的中国历史更难。书中有许多人名、地名和事件由于拼写与今不同，颇费思量，我们尽可能地查核复原；有些不确定或作者误记者，我们都加注说明；专名第一次出现，皆附原文，以备查考。在做这一工作的过程中，我们注意到目前读书界对立德夫妇其人其作的认识有一些因翻译而产生的混乱。小者如称立德为立德乐，称立德夫人为阿绮波德·立德的。按约定俗成的规矩，立德在上海、宜昌和重庆都开办过立德洋行，立德之名应当比较确定；而立德夫人之名是取自丈夫，故也以随丈夫称阿奇博尔德为善。又立德夫人1902年创立的"天足会"，似乎只是在上海的一支。中国反缠足运动的起始年代也早于1902年①。有文章说"她常带着她的小狗和英国小马，游历北京、天津、烟台、上海、宁波和芜湖"，我们猜想这是误读了她的一张跟小狗和小马的合影。照片中的马应该是她在本书中多次称赞过的川马。被多次引用的她转述的李鸿章的一句话，原文是这样的："If you unbind the women's feet, you will make them so strong, and the men so strong too, that they will overturn the dynasty." 一种译文说："你知道，如果你让妇女都不裹脚，她们会变得很强壮，男人已经很强壮了，他们会推翻朝廷的。"另一种译文大约感到此话费解，在"男人已经

---

① 有考证说中国天足会最早成立于1895年。

很强壮了"跟"他们会推翻朝廷的"之间加了一句"女人再强壮起来"。我们以为,这句话应为:"你放开了女人的脚,就会使她们强壮起来,还会使男人也强壮起来,最终会使他们强壮到能推翻朝廷的。"这句话出于李鸿章之口确实很值得玩味。但男人当时已很强壮显然既不是事实也不是李的原意,至少不是立德夫人理解的原意。她说过的另一句话"肢体不全、愚昧多病的母亲生育抚养的儿子会跟他们的母亲一样"——可以为此作注。所以说,尽管翻译大多是出于增进中外互相了解的善意,但要使译文既能达意又能传神,实在很不易。出于种种原因,我们的译作也不可能是尽善尽美的。我们真诚地希望得到有识之士的指教。

李国庆

2003 年 10 月 8 日

目　录

插图目录

引言　1900年8月的北京：周年回顾

　　一年前，我伫立在日本天皇那四壁画满了猛狮的寝宫之中。天皇曾在这里由妃嫔们簇拥着安寝，没有任何男人值得信赖，可以如此靠近君王的圣体。我那时曾想，有一天我是否会站在中国皇帝的内宫之中呢？现在，裙子上紫禁城的灰尘仍在，我又开始期待去游拉萨，甚至拜谒那位无比尊崇却又与世隔绝的统治者，伟大的喇嘛了。

　　我们惊叹于罗马和雅典的宏伟遗迹。如今却是北京，这座混杂着各种历史记忆的城市，它的壮观废墟令我们感触良深。

　　15年前我在这里的时候，没有人会想到去看南堂或东堂。如今，望着那千疮百孔、摇摇欲坠的墙壁和墙上对着内城东墙的破窗，人们不禁静默垂泪。去年夏天，这些窗洞目睹了多少起谋杀或者殉道，已无从知晓。即使是北堂①，在未损毁之前也只不过是一座精美的教堂而已。它为取代因俯瞰慈禧太后的花园而遭她反对的旧北堂而建。上次我们访问北京时，旧北堂正

---

　　① 即西什库教堂。——译者注。下同，除非另有说明。

要屈从她的意志被迁址。现在，北堂的外墙被枪弹打成了蜂窝，耳廊由许多梁柱支撑着，后园的树木树皮尽失——"是我们的骡子啃掉的，"一位修女这么说，但显然没有任何骡子能够够到那么高。断墙残垣后面随时会倒塌的大堆砖块和灰泥，地雷爆炸吞噬掉成百儿童后留下的一个个大坑，都让人想起那许多英勇壮烈而又漫长的受难时刻，心为之疼痛，眼为之流涕，以至于看所有的东西都迷蒙一片。"那儿，"一位年轻的葡萄牙修女说道，棕色的大眼因回忆而发亮，"一颗炮弹把一位意大利中尉给埋了起来，我们花了三刻钟都没能把他挖出来。没有，他还活着，只受了点擦伤。哦！那位年轻的法国中尉，真让人伤心！他那么善良。我们只能为失去他而悲伤。"

之后，我们在女修道院院长的墓前驻足。解围之际，她已经奄奄一息了。"对我来说太晚了，"她写道。在过去几天里她唯一的念头是，"明天我能给他们吃什么？我能给他们吃什么？什么都没有剩下了。""可怜的士兵们，"另一位修女说，"虽然每天都勒紧裤带，他们还是饿得受不了。我把所有的信笺都撕成小条，做成烟卷。烧纸也比什么都没有强。他们没有东西可抽呀。对士兵来说，这可太难受了。"然后，我们在一个大坑前停住。很多儿童被地雷炸死，埋在这里。"我们觉得那边肯定是有一个地雷没被发现，"现任女修道院院长说道，"不然的话，为什么爆炸时那座房子也给完全摧毁了呢？"修女们现在都是地雷和炸弹专家了。她们还知道哪些树的叶子有毒，并讲述道，中国基督徒为了活命，吃了这些叶子是如何肿胀难受的。她们让大家看了教会学校剩下的孩子，其中三个在受围之前就因为缠足而失去了双脚。"炮弹连连，当然不会睡在这里啦！""我们老是领着一队孩子转来转去，搬到炮弹落得比较少的地方。"有着明亮棕色眼睛的葡萄牙修女说道。这时一位 76 岁的老修女走了过来。她也是一位幸存者。我们拜访了主教。"您的中国教徒中有没有放弃信仰的？""很少，几乎没有。""我估计有 12000 名基督徒失去了生命，"樊国梁[①] 主教阁下说，"包括我们的三位欧洲教士，四位中国教士和许多中国修女。一位教士被钉在十字架上，挂了三天才死去。他们杀了韩默理[②] 主教，把他的手臂和腿割开，直割到骨头，然后往伤口里灌汽油，点上火烧死。是什么救了我们？哦，一连串的奇迹！没别的。是的！我知道人们说我趁火打劫了。可在这件事上，我问心无愧。我知道我做的是对的。让他们说去！"

我们再次站在教堂外，回顾它那布满伤痕的正墙。这天是复活节，一个明媚的清晨。士兵们刚做完弥撒鱼贯而出，非洲轻步兵、法国步兵、德国步兵和英国兵，还有一小队高大威严的穿蓝色外套的士兵。"夫人，您需要帮助吗？""只想知道你们是哪一国人。""奥地利人，夫人。"他们无疑是这一多国部队中看起来最为威严的士兵，有这样公民的奥地利更应在前冲锋陷阵呢！我们看着教堂上的累累弹痕，意识到正是这些枪弹将日本、安南、印度、澳大利亚、英国、德国、意大利、法国、

---

① 　Mgr. Alphonse Pierre Marie Favier（1837—1905），法国遣使会教士，1862 年来华，1887 年任北京教区主教。义和团运动中他带领中国教徒占据西什库教堂抵抗。

② 　Ferdinand Hamer（1840 —1900），荷兰人，比利时天主教会教士，1865 年来华，1878 年任甘肃教区主教，1880 年调往内蒙古，死在该地。

⊙ 御座

美国、奥地利和俄国这些国家一起招到了皇城北京，直抵它的心脏，它的禁地。当中国人发射他们的步枪时，哪里想到会有这样的结果。

我们驱车去天坛。路上尘土弥漫，混杂着行人、手推车、人力车、驴子、马、高瘦英俊的印度人、面色红得像玫瑰花苞似的德国兵、穿红裤子的法国人，和帽子上插有弯弯的公鸡尾羽的意大利狙击兵。从一条车辙颠簸到又一条车辙，我们终于来到了这一松柏环绕的公园般的地方，进入庄严的汉白玉圜丘坛。

在这里，人们会情不自禁地觉得被带进了一种更纯净而典雅的气氛之中，连殉道似乎都不适宜。而希腊人所崇拜的人体远不能达到比眼前这些孟加拉骑兵更完美的境界。他们细小而强壮的腰间束着两道腰带，牙齿和眼睛闪烁着比身上的链状肩饰更耀眼的光芒。

我们拾步走向斋宫。这里现在被用来储存粮食，而在过去，这是皇帝于祭祀前夜独自斋戒之处。在拂晓天光未现之时，他由仪仗引导步入圜丘坛，在城墙外这片孤寂的林地里，为他自己及臣民的罪过举行祭祀。

多年来除了中国人，天坛禁止任何人瞻仰。在离它不远的地方有一座非常古老的大殿，供奉着皇帝列祖列宗的牌位。祭祀之后，皇帝通常在那里静思和祈祷。一个外国人告诉我，他在北京 30 年，任何乞求和贿赂都没能让他看上一眼那座大殿。这是座古老的大殿 ①，它的琉璃瓦表面是极为鲜艳的蓝色，内里

---

①　似指皇穹宇。

⊙ 御座

则是最为精美的白色陶瓷。那蓝色琉璃瓦屋顶的曲线有不可言传之美。在见到这些琉璃瓦之前，人们绝不会想到陶瓷会拥有这么晶莹的蓝色，连丝绸都无法企及。大殿内的梁柱色彩鲜艳，其中的蓝和绿借鉴自孔雀的尾羽。斗拱的结构太精妙，令人不由得想起中国的一种七巧板。大门上有巨大的鎏金门钉，漂亮的铜质铰链；巨柱被漆成朱红色，饰以金色的或龙或凤的花纹，据说每一根柱子就是一整棵树干。

圜丘坛通体是纯粹的汉白玉，雕刻的龙纹皆成 9 或 9 的倍数；3 层台阶，每一层都由 9 级组成，从 9 个不同的方向攀向最高的平台，天心石，即皇帝跪拜的大理石板，它由 9 环汉白玉块围绕，第一环是 9 块，下一环 18 块，依此类推。在拂晓之前独自跪在那里，周围是苍松翠柏，为他所有臣民——四亿人——赎罪，其灵魂不是升华便一定是粉碎了。当今的皇上光绪似乎已经被所有他从孩提时就经历过的静默而孤独的自省和祈祷给净化了。那些认识他父亲的人说他父亲也是个真正高尚的人，而光绪正继承了这些品质。

印度哨兵招手示意人们往左到祈年殿去。这一三层檐攒尖顶的大殿是一座从城里各处都能看到的建筑。因最近重修过，它那蓝色的砖瓦和外表的金蓝红色就更为耀眼了。印度兵认为因为它更为灿烂，所以就更美。但是，那座屹立在圣地之上，没有屋顶但以天为盖的纯汉白玉祭坛才是此园的中心。

数不清有多少个世纪了，对昊天上帝的同样的祭祀在这里年复一年地举行。直到现在，这个传统给打破了。在今年预定祭天的那一天凌晨 4 时，并没有皇帝的祈祷和牺牲的热气升上

⊙ 皇帝的寝宫，墙上是慈禧的手书

天去。精雕细凿的汉白玉石板每一块都带把手，用以安放到位。这些石板告诉每一位显要的清朝官员在外院适当的位置跪下叩首。而皇帝独自一人在高耸的、被层层龙雕护栏环绕着的汉白玉圆形祭坛上祭拜。不过，不管是这座火车站附近公园一般的天坛，还是对面那座已被查飞 ① 将军和美国兵据为军营的先农坛，甚至那块皇帝一年一度在那里亲自扶犁以示重农的神圣的围地，都没能激起外国人类似在踏入紫禁城那一刻时心中所充盈的激动。

不久之前，曾有一段时间欧洲人可以自由参观天坛，甚至最近几年，还有外国高官被特许入内。要不是以现在这种征服的方式，相信没有一个欧洲人能在紫禁城里自由走动。

第一次到北京时，我是带着多么向往的心情注视着午门上熠熠闪光的屋顶啊！我做梦都想化装成一个中国男人，扎条辫子，身着蓝色长袍，戴一副大圆眼镜，配上其他行头，大摇大摆地走进去！这好像并非不可能。不过据说一旦被发现，惩罚就是死刑。可这难以让人相信。似乎更可能的是向大臣求情，外交交涉，冗长的公文往来，而与此同时，会被警告哪些宫廷机密是不该知道的！

那些从未见过紫禁城的人言之凿凿地对我说里面其实没什么可看的。他们错了——大错特错了。单是那通向紫禁城正门的午门广场，它的规模和形制是如此雄伟壮观，以至于人们在还没把通行证递给门外那位快乐的美国值勤官之前，心里就已

---

① 　Adna Romanza Chaffee（1842 —1914），美国陆军中将。1900 年来华，任镇压义和团的美军司令官。

经充满了敬畏，然后战战兢兢穿过最后一道像是一堵厚墙里的隧道似的门洞，才进入皇宫。穿过一个大广场，四周宫殿的屋顶浮光跃金。我们又走过一个矩形的"厅儿"，或者叫门厅，然后就置身于一个无比宽阔的广场之中了。大典通常就是在这里举行的。清朝大臣们的各自位置在这里用铸工精美的钟形青铜牌做了标记。屋顶一色的黄琉璃瓦，在阳光下闪闪发亮，跟我们一路经过的重重门楼和通道的屋顶一样，金碧辉煌。山墙的末端设计奇特，由许多曲线和回纹组成，看起来像是由大师之笔用纯金一气画成的。这些金色的华丽花纹甚至盖过了琉璃瓦的光彩。

那会是个怎样的场面啊——盛装的百官一身华丽的锦缎朝服，马蹄袖盖过手背，前胸后背是灿烂的正方形刺绣补子，文官绣的是飞禽，武官绣的是走兽，高筒靴，长串的朝珠，翎毛顶戴，全中国的王公大臣都匍匐在皇帝脚下。而皇帝远远地坐在太和殿内的宝座之上，隐约可见。只有很少数人能被允许入内殿。相比之下，杜乐丽宫①太逼仄，圣詹姆士宫②则像是玩具屋了。唯一能够与此场景相比的只有教皇过去在罗马圣彼得大教堂的出场，他高举手臂，为匍匐的信徒祝福。必须记住，中国的皇帝既是教皇也是君主。

紫禁城的中轴线由一系列门楼和殿宇组成。它们外有巍峨耀眼的屋顶，内铺明黄色龙纹甘肃丝织地毯。蟠龙梁柱同样描

---

① 在法国巴黎，始建于 1564 年，1789 年起成为路易十六退位后的住所，后也被拿破仑一世用作行宫。1871 年毁于大火，遗迹成为杜乐丽花园。
② 在英国伦敦，由亨利八世所建，从 1697 年到伊丽莎白女王时代为皇家住地，如今只被偶尔用来举行某种典礼。

有孔雀翎似的蓝绿色。每一座大殿都是长方形，从前殿中门出入，进门后，视线总被大殿正中石基上的宝座挡住。宝座两侧各有台阶，后面则是一座雕刻精美的屏风。宝座前通常放有景泰蓝或玉石承座，上设香炉，两侧往往饰有漂亮而逼真的景泰蓝鸟。后面的屏风前立着 9 英尺高的孔雀羽毛扇，或是仿照孔雀羽毛制作的木质或刺绣的扇子。外面广场上，有 6 英尺高的非常精美的汉白玉石灯，用作香炉的青铜鹤和鹿，以及曾有金鱼游弋的鎏金大缸。不过这里的装饰绝不像许多欧洲建筑那样繁复奢侈。

中国皇宫的伟大设计者依靠面积和比例，让人们在还没靠近他们的统治者之前就将自己的灵魂降到极为卑微的地步。就算现在，步行走过这些漫长的路程，人们也很难不意识到自己是多么渺小。对于一个正在逐渐靠近他的皇帝的中国人来说，这种渺小感一定是难以抗拒的。

紫禁城的东面是后宫，不允许我们进入——据说仍有一些妃嫔住在那里，西面是各式住所。

最后一座大殿是皇帝的御书房，正对大门的仍然是一个宝座。右侧是皇帝的小小的寝室，挂着蓝色的帘子。左侧是他姨母那要华丽得多的寝室，挂着双层明黄色的薄纱。有人说过去 12 年来，皇帝和皇后都不曾在这里住过，也有人说皇帝在 1898 年宫廷政变之前是一直住在这里的。那年，他那位曾仓促地将啼哭的他从母亲的摇篮里偷出来放到龙椅上的姨母，又同样仓促地把他给废黜了。

不管怎样，这座大殿最近没被整修过。北京的风沙肆意穿

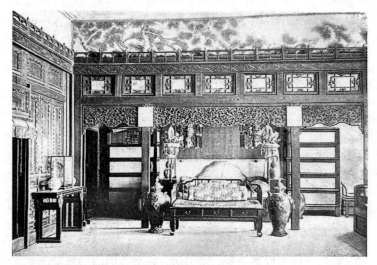

⊙ 慈禧的寝宫

行，大殿里有点儿价值的古董可以搬得动的，都给搬走了。不过，也还是留下了一些东西，有德国皇帝送的一对德累斯顿牛血红大瓷花瓶，几座西洋钟，一幅居然是俄国沙皇赠送的大幅法国画，还有一座雕着一个正在播撒自由、拯救人类的骑马男子的青铜雕像。据说他的目的地原是保加利亚，包装纸都还没有拆掉，就给扔在离御书房不远的一个黑暗角落里，茕茕孑立，直到如今。当皇帝想完全独处时，他应该是到这间书房来休息的。一面大镜子占了这个小房间的一面墙，较宽的另一面则是一个炕，上有一个景泰蓝矮桌，皇帝和友人可以在桌子两边以中国人那种快乐亲密的方式斜倚着。就在这里，一位女士愤愤地对我说："这些太监这么靠近我们，不是太讨厌了吗？""哦，您想，他们不知道我们是什么样的人，他们的职责就是提防我们损坏或拿走什么东西。""就因为这个？我怎么会呢！"她异常恼怒地说道，急急地走出了这个小书房，到了一间大一点的屋子。那里有张长桌，我想象着皇帝的老师在给光绪上每天的英文课时，跪在长桌一侧的情景，就像他在英国告诉我的那样。老师说除了有点拘谨，皇帝的英语说得很好。拘谨似乎是太子和皇帝们特有的通病。要是年轻的沙皇在他周游世界时遇到光绪那会怎么样？这两个年轻人是否会因处于相似的位置而惺惺相惜，从而坦诚相待，建立起就是皇权都无法取代的友谊呢？

要是在北京众多风景如画的园林中选一处最美的处所，那就非囚禁光绪皇帝的湖中之岛①莫属了。在清廷西逃之前的两

---

① 此处所指当为瀛台，在中南海的南海里。

年里，他被幽禁在这座镀金的牢笼中。岛上处处是黄色琉璃瓦的殿宇楼阁，一座比一座惊艳，还有凉亭、石舫、假山、石化木，以及妙趣横生的中国式小庭院。岛和陆地由一座木吊桥相连。光绪住在这个小小的美丽世界里时，吊桥是升起的。当他的目光越过湖面，凝望紫禁城的崇檐或是外城时，内心一定充满了痛苦的渴望。岛本身位于皇城外围，靠近现在瓦德西元帅①住的慈禧太后的冬宫②。

北京是个精美的木雕之城。在我住的宅邸里——它过去属于一个亲王，皇后的一个子侄——有一座刻在檀香木雕隔屏上的圆洞门。对我而言，此门不仅漂亮至极，那暖香味更添其迷人之处。

皇宫里各个房间之间走廊上的门框总有镂空雕刻，或是葡萄藤，或是竹子，逼真又有艺术感。

在冬宫里，屋子间的隔屏厚度有 5 英寸多，仍旧雕了花，像广东黑檀木花边似的。一走进去，正对着的是另一种我前所未见的木雕，呈浅棕色，像是樟木。看起来就像是隔屏上原有一块木头帘子，给拢了起来。帘子上不规则的木纹代表山峦，节疤似乎是峡谷和高耸的山峰；山中秀出一丛兰花，大小逼真，栩栩如生，然后又是山，又是一丛兰花，绵延不断。我觉得这种木雕不仅匠心独具，也是我所见到过的最为有趣的一种。看着这雕刻，你可能一下午都流连忘返，浮想联翩，并深受启

---

① Waldersee（1832—1904），德国军人。1888—1891 年任陆军总参谋长，1900 年八国联军侵华时任统帅。

② 指北海，原为慈禧的西苑之一部分，外人称为冬宫。

迪①。这间屋子的陈设应该还是原样。地上铺着一块华丽的明黄色地毯，照例饰有龙纹。宽大的炕上有黄色龙纹织锦靠垫，倚在窗框两边，犹如宽大舒适的窗前座位。客厅之间互通，摆着精美绝伦的景泰蓝和瓷花瓶。里屋台基上有两把像宝座一样的扶手椅，一把明黄色，另一把很宽大，略低，漆成红色，像是珊瑚雕成的。门前立着两只高高的仙鹤，是青铜铸造艺术的杰作。其后有两头鹿，显然出于不同时代，做工比仙鹤要差很多，更比不上颐和园湖边那栩栩如生的铜牛了。后者是我在中国见过的最妙的动物雕塑。看着铜牛，人们似乎都会感觉到它那甜甜的呼吸。这件青铜杰作必同属于紫禁城花园入口那些精美非凡的青铜香炉之列。

游人现在进入了御花园。花园里悠长的林荫路引人沉思遐想。穿过几座殿宇，其中较小的一座里面挂有中国传统名画，在今天的中国已经极其罕见了，真想有人给我解释它们的意蕴。园中还有众多闻名遐迩的日本盆景的典范，老树虬干以中国技巧扭曲打结，枝丫都给修掉，只剩下小枝似的树杈，经过精心造型，像帘子一样覆盖在走廊顶上。这些树再次证实了中国人改变自然的癖好。他们以为，这样会使自然更美。不过，走廊上本该缠绕起来的茉莉和其他一些黄花如今繁茂地随意垂挂着，假山也没有粉红色的牡丹或其他漂亮的盆花装点。显然宫廷园

---

① 哎！这些木雕后来全被烧毁了。英勇的陆军元帅险些无法逃生，他的参谋长不幸被火焰吞噬。当欧洲的火炉被贸然带进中国建筑中时，这样的灾难不可避免。——原注

此处应指 1901 年 4 月 17 日的仪鸾殿大火。德国陆军元帅瓦德西任八国联军统帅，慈禧西逃后，与联军司令部一起占据原慈禧寝宫仪鸾殿。——译注

⊙ 御花园内

艺师不是跑了，就是无人监督。

爬到山顶，眼前却是一片赏心悦目的屋顶风光。尤其引人注目的是紫禁城里那两座独特的蓝亭子。它们用的琉璃瓦不是黄色，而是同样精致的天蓝色，就像英格兰夏日的天空。莲池最北面那让人惊叹不已的琉璃龙壁的底色也是这种蓝。这块影壁离那座闪闪发光、黄绿相间的牌楼很近。从牌楼精雕细琢的汉白玉拱门望出去，可以看到湖面和那座闻名遐迩的汉白玉桥。过去，除了中国的皇帝，没有人可以走这座桥。而现在，我们都可以坐车而过了。不过，昔日那富丽堂皇的石桥也确实只留下了汉白玉的桥基。桥栏杆和桥面都被粗糙的竹竿和木板代替了。不知那些旧物会被用来装饰欧洲的哪一座博物馆。

琉璃龙壁耸立在那座漂亮的牌楼后面不远，就是北京人也很少听说过它。当然，这是因为直到最近人们才被允许沿着湖边这条优质马路，驾车穿过这片由假山点缀着的公园般的地方。影壁大约有20英尺高，完全由琉璃组成，壁面用高浮雕的手法雕了一组龙，条条直立，高约5英尺；金黄、朱红、米黄、深蓝，两相对称，两条蓝龙在中心相向而遇。

这块影壁原来想向俗世遮掩的是什么呢？如今的影壁后面只有一片凌乱的废墟，一番彻底的野蛮劫掠的杰作——树被砍断了，大理石柱被夷平了，佛像给拽下了莲花座，裂成两半。草丛中这边躺着一个断头，那边是一只鎏金的手。后面稍往右一点的高坡上有一座庙宇，跟颐和园山顶上的那座类似。外墙上镶嵌着数以千计的小佛像，个个闪着明黄色的光。参观者无不感叹，这座不需要影壁保护的建筑已经如此，影壁后那些被

⊙ 雍和宫中面目凶悍的巨佛

破坏了的又会是多么精美啊！"我一点都不为这些破坏感到痛惜，"一位德国汉学家说，"中国人需要教训，而摧毁他们的宫殿和庙宇就是最好的手段。"

他说这些话的时候，我们正站在另一座皇家庭院里，周围齐整的朱墙照例由黄瓦盖顶。正是浓绿丛中亮闪闪的黄顶把我们这队人吸引进来的。我们原以为会漫步在一座古老的寄寓着中国式幽情雅趣的园林里，却只见到一片废墟，遍地狼藉，仅有屋顶因为高不可及，才保住了原样。神龛里的佛像都被掀掉了，甚至庭院中后部表现佛教地狱场面的雕刻也因为只有顶部的蛇给留了下来，才提示到下面的内容。毫无疑问外国士兵对摧毁和亵渎佛像有特别的嗜好。然而，从佛像上那些被凿开的窟窿来看，他们这么干并非是出于宗教狂热，而是想在这些镀金佛像中寻觅隐藏的珍宝。对庙宇的破坏是如此严重，很难让人不联想到十字军的作为。但有些人仍然坚信，这一文明史上最为严重的大破坏和大劫掠是中国人自己干的。

曾经住在这些寺庙里的僧人们都怎么样了呢？除了在蒙古大喇嘛庙（雍和宫），我在北京没有见到过一个僧人。雍和宫的僧人都是蒙古喇嘛，虽然他们在一遍又一遍地捻念珠时像西藏喇嘛一样念"唵嘛呢叭咪吽"[①]，但好像并没有转经筒可转。一座大殿里有一块显然是来自欧洲的华丽挂毯和另外一些美丽又独特的东西。一座窄小的殿里有一尊高达三层楼的巨佛。举头仰望，巨佛顶部那暗红色的脸膛显得异常凶残，立刻叫我觉得

---

① 即六字大明咒，梵语，意为"皈依莲华上之摩尼珠"。

这里充满了恶鬼。过去在别的一些庙里我也曾有过这种感觉。后面有一座大殿里满是淫猥的佛像——我从来没有在中国本土见过。在此观望之时，我突然发现一个蒙古僧人面带愤恨地看着我。一碰上我的眼光，他又立刻变出如婴儿般纯洁的微笑，所以也并不太可怖。这些僧人知道，如今不管内心如何，都得强颜欢笑。上次来北京，女士去雍和宫还被认为是不安全的，就是男子也很少有敢去的。

旅游者通常都盛赞夏宫（颐和园）。即便只为了群山环抱的湖边那清新的空气，它也能算是个可以愉快地度过一天的好地方了。北京的尘土越来越让人讨厌，吸得多了，喉咙和眼睛都难以忍受。不过颐和园不算古老，除了铜牛、一座青铜亭子和汉白玉石桥，我在那儿没有见到什么杰作。这里不追求朴素的壮丽，有点像是美化了的罗舍维尔①。在英国军官的驻地——不久前还是太后的客厅——有一座恐怕是全世界最高大最宏伟的景泰蓝屏风，还有慈禧的几幅圆熟精美的手迹及一件皇帝的学生气十足的作品，可能是年少时所写。

此园慈禧太后不久前命人修整过，修得一般，手下人大约是偷工减料瞒骗了她。破坏者在这些乐园里恣意妄为。厚玻璃窗被打得粉碎，木雕斫得体无完肤，瓦片污地，古玩被掠走。

山顶有座千佛殿（智慧海），过去一定很漂亮。殿内有阿拉伯风格的花纹，一定是意大利教士教会了中国人设计和着色的。不过，汉白玉石有火烧的痕迹，佛像的头都给敲掉了，阿拉伯

---

① Rosherville，当年伦敦的一个游乐场所。

花纹的颜色也褪了。他们在北京的破坏真是穷凶极恶。

山的另一边，在 1859 年英法联军携手洗劫颐和园之后，就没有被修复过。他们以为那是在教训中国人以示自己有多强大，可是中国人并不以为然。要是说中国人也可能接受教训，此等行为只有让他们更相信，除了自己以外，其他国家都是未开化的野蛮民族。就算如今人们听到的故事只有一半是真的，中国人也会比从前任何时候更相信这点。而许多故事想来也不是捏造。

尽管这样，北堂却似乎像是一片圣地。守护教堂的队伍小得可怜，仅由 30 位来自法国、10 位来自意大利的军官和海军陆战队员，除主教之外的 10 位遣使会牧师，20 位仁爱会修女，带着上百个孩子和数千信徒组成。他们千辛万苦从四处，包括城外，才聚集到这里。他们所经历的物资匮乏也是最严重的。

英国使馆区的空气也因这段遭遇而变得神圣了。想象一下吧，炮弹越过花园的墙头飞来！在中国的炎夏中熬过 8 周，没法洗澡，难得换次衣服，靠着吃了或多或少都会觉得不舒服的一点点食物！然后，能让人相信吗！突然你意识到得救了，可又必须自己谋生，养活你的妻子、家人和孩子了。但你连一口锅、一只盘子、一把椅子、一张床和一块毛巾都没有。你没钱买任何东西——即使有钱，也没人卖给你。首先没有屋顶去遮挡中国 8 月的骄阳，你实在是个无家可归的乞丐，而且还有好几百个中国人也得依靠你！你会怎么做？在北京的居民根据各自牧师的建议，采取了许多权宜之计。有人是自己动手拿取粮食，一边叫喊，郑重表示只要物主出来就付钱。回答他们的只有自己的回音。各种精疲力竭、满怀愤怒的外国人都在分配给

⊙ 瓦德西元帅和他的特殊旗帜

他们的空房子暂时安顿下来。他们都饱受惊吓，有的生着病，有的痛失亲人。没有人知道接下来会发生什么事情。这些尽可能给安排的房子都属于那位篡权的太后的亲戚，是她给这座都城带来弥天大难的，最后她自己却弃城逃走了。

就这样，自泰西而来的英国和美国人在宫殿楼阁里安下了家，用康熙瓷盘吃饭，却还是想念调羹、床架、浴室和桌子。我们这些蛮夷已经习惯地认为，类似的上述生活用品实属必需，艺术之美倒在其次。当这些可怜的教士在清点他们的教徒、哀悼他们的殉道者和毁坏了的教堂时，世人却开始批评和嘲笑他们，"瞧这些基督徒是怎么趁火打劫的！"

"我花了多少时间才筹到足够的钱建教堂，又花了多少年规划施工！我亲自照管过每一块砖石！"一位先生说。他顿了顿，指着一口井，"是的！井给填上了。我做的第一件事就是用沙把它填了。我们的人里有八个给扔了下去。刚到这里时，味道太可怕了。等缓过气来，我希望再把它挖开，取出那些骨头，为他们举行基督教葬礼。还有四个人死在这附近。他们是给劈死的。有几个用的是中国的那种大铡刀。就这么把人往刀上一横，然后——。现在想起来很难不让人同情。人们似乎只是担心义和团，怕他们会受到太残酷的处置。我把我房子里的那些漂亮家具——没有一件是我的——照管得好好的。我料想它们是一位义和团首领的。无论何时只要他敢现身，我就会让它们物归原主。可到目前为止他还躲藏着。"

现在想起北京，我首先想到的仍然是城里老百姓住的那些地方，路上是讨厌的车辙和迷人眼睛、让人窒息的尘土。可是这种印象每天都在削弱，脑海越来越多地被那些如童话般的万花筒里的颜色所占据——黄、绿、深蓝，以及皇家专享的宫苑里那些更为美丽的蓝琉璃砖瓦。

然而，我同时看到了通向长城的坡道，中国人和美国人各占一边，看到城墙上的障碍和中国人建造的用来向下射击美国人的碉堡。我看到一大群人，其中混杂着使馆人员和传教士、银行家和在中国海关的外国雇员，全被驱赶到漂亮的英国使馆区和后面的翰林院避难。而后者——这一座堂皇的中国贵族教育中心——被中国人自己烧得没有留下一堵整墙。

我看到北堂残破的正墙，联军士兵仰望着它，修女们的眼睛泪水盈盈。

我看到教会殉难者紫地金字的名字被贴在每一个教会的礼拜堂里，而教会学校的女孩子们每天都在这些名字前默默徘徊，她们没有眼泪，可是都用一种特别专注的神情注视着它们。每一个女孩都念着父亲或母亲，也可能双亲的名字。我看到被残酷杀害了的中国教徒的尸体填满了水井。

我看到废墟，一条接一条荒凉破烂的街道，残破的教堂、残破的使馆、残破的房屋、学校、医院、银行和海关大楼。

我眼前重现了那些我所遇到过的仇恨的目光——锥心刺骨的仇恨。

然而，还有一段回忆值得记下。

矗立在天坛和先农坛之间那宽阔的沙土大道上的北京火车站，到处是尘土和人力车。火车里每个人都在找座，还要看好自己的行李。偷窃是带传染性的，一旦染上，就欲罢不能了。

然后是重重的踏步声，一支军乐队柔美的乐曲，"上帝在你身边！就在你身边！"那边星条旗下 6 名士兵正往行李车里放什么沉重的东西。我的朋友昨晚在营地听到有人大声喊叫医生。说是有一个人从马上摔了下来，当时并没觉得有多严重。他可能一直就渴望回美国。今天一早，他的尸体就要回家了。日本兵、帽插公鸡尾羽的意大利兵和另外许多国家的士兵都拥向前去看这个将要回家的人。可他是以什么方式回的家呀。看看现在，在北京站里，这都是什么呀？一阵镣铐互相碰击的叮当声！一群被铐在一起的男子，为掩盖他们的罪行而不知羞耻地大叫着："看看美国军队的骄傲！"他们是在趁火打劫的时候被当场抓住的，现在被解送回国，赶的是另一种时髦。哦，我的天！还不如死了！不如死了！

美国人是下定决心要打击这些劫掠的。在北京，他们最早对驻地进行整顿，其他国家随后起而仿效，试图让士兵遵守纪律。但是，我在北京的 9 天和在天津的 2 天里，通宵达旦地喝得烂醉的联军士兵见得还少吗？他们绝对都是恭敬友善、谦逊有礼的吗？没有人看到士兵对已屈从的中国人施以恶行吗？

我们现在正通过由英国军队掌管的关卡。皇家工兵军官成了火车站长，澳大利亚海军在检票。我的北京之游已接近尾声。这次行程给我增添了如此之多的记忆，还留下了，哦，这么多的疑问有待解答。然而，不管发生过多么可怕的事件，我还是忍不住为他们能够建立起如此这般的秩序和规矩而惊叹。来自如此众多国度的士兵在如此拥挤的条件下，经受住如此讨厌的尘土的折磨，表现出共同的自律。这种自律现在似乎是任何情况下他们的行为准则了。我不得不因此而更尊敬他们。同时也不要忘记，中国人自己也说，翰林院和刑部是被附近的穷老百姓而不是联军士兵毁掉的；最严重的破坏和屠杀毫无疑问是义和团干下的，也不全是联军。

就这样，我们离开了，心中百感交集，既为种种恶行而不齿，为英勇行为而骄傲，又有对献身的殉道者的感激之情和对被屠杀者的极度同情，特别是孩子们，这许多天真、轻信、懵懂的小孩子们——"我爹不会让你伤害我的，"当义和团士兵手持大刀逼近时，一个小男孩这样说道。

我们走了，带着颐和园的碎瓦，紫禁城的弓和毒箭，天坛的干紫罗兰花，以及这种种小东西所承载的记忆。

"如果皇帝不回来，北京对外国人还有什么用？"我的中国仆人这么问道。"你倒说说看，皇帝不回来，北京有什么用？一点用都没有！"他得意而嘲弄地补充道。哦，聪明的中国人！多少个世纪了，你们从来就不爱战，一次又一次被武力征服，但总是一次又一次崛起！

第一章　我家花园

4月至7月

"我还希望，"培根[①]在设计一座豪华园林时说过，"在中央垒山一座，整座山高30英尺，坡路三叠，小径数条，宽可容四人并肩而行，必呈完美之环形，绝无护墙或浮饰；又须有几处精美宴筵之所，点缀壁炉数座，然无须太多玻璃。"我们有幸在一座北京园林里度过了夏天的两个月。如果不是因为建造这座花园，中国还不可能有人听说过培根，人们几乎会以为这里的设计曾参照过他的建议。

这是北京最大的一座邸园，已经古老，因为荣禄亲王[②]已被贬多年了。园子正中垒起一座高约20英尺的小山。山顶有座亭子。山后是一个略高的平台，纵跨整座花园。平台一侧是一座更宽敞的楼阁，一眼看去就是个宴会厅，前位中国园主无疑

① Francis Bacon（1561—1626），英国哲学家，语言大师，名言"知识就是力量"。

② 原文作 Prince Yung-lu。查有清一代唯清圣祖第十六子允禄（1695—1767）于1723年袭庄亲王爵，管内务府事，1739年因与废太子允礽子弘晳往来诡秘而罢职，与此述相近。一说可能是荣禄，但他不是亲王。存疑。

⊙ 我家花园中的一座亭子，我认为是戏台

也将它用作此途。

整体看来，这两座建筑浑然一体，组成一处举办盛宴的好地方。那略低的、高雅而小巧的亭子，可以用来给客人提供冰块或茶和咖啡。上面那座更富丽堂皇的楼阁则显然是晚餐或正餐厅了。它雕梁画栋，一侧带一个回廊，后窗俯瞰一座小戏台。通向山顶的小路蜿蜒曲折，嵌铺着石块——其实整座山就是一座假山——与培根的设计不太相符，虽然山顶的亭子倒是吻合。小路宽敞，足供四人拾级上下，随意欣赏北京的崇檐和参天树木。枝丫间吹过来的空气清新宜人，或许是没有被北京之灾——蒙古高原的沙尘，或者更糟糕的北京自己的那些污秽积年的街道上的尘土——污染。这一点确实是我家花园的一个缺陷。唉，北京的哪一座园林不是这样，全被污染得黯淡无光。只有那些种在一片草地正中的树才稍稍有点光彩。

见过中国鲜花盛开的样子，我更因园中没有栽种花卉而感到遗憾，也更想体会甜美的花香给人带来的那种欣喜若狂的感觉了。"3月、4月间，盛开的杜鹃花绵延几百里，将山坡都染红了，一簇簇紫藤花挂在高处，野水仙和山龙眼也正开得繁盛。四月也是豆类开花的时节，加上黄色的油菜花，这真成了一个芳香的季节。5月，金银花和野蔷薇把乡野的空气染得甜丝丝的。6月，接踵而来的是那香气扑鼻的栀子花，在街上一个铜钱（一便士的十分之一）一朵，在这个季节里，不分贫富，每个女人头上都戴。7月，在山间的林地里，你会发现大朵白色的百合花，花香馥郁，但和其他某些花一样，这种香气只有凑近才能嗅到，并不像平常的花香那样四处飘散。到了8月、9

⊙ 弯曲的山墙和精巧的花窗

月、10月——一些早花品种甚至在 8 月——令人愉悦的桂花就把城市和乡村的空气都熏香了，更不用说那白色和黄色、最叫人宠爱的茉莉花了。11 月和 12 月的大部分时间，在中国北方几乎是闻不到花香的。但在天气偏暖的 12 月末，通常是在 1 月初，甜香四溢的蜡梅在抽叶之前就盛开了。它还没谢，又有浓香扑鼻的重瓣杏花开出或白或粉的花儿来，送走中国的旧年。通常这是在 2 月。"

不过，我家花园的妙处在于精巧的光影效果。当阵阵微风轻轻拂过，尘土不扬，阳光直泻下来，影子随之而舞，美妙之极。

我可以在这些四散在花园里、几乎数不清的亭台楼阁里随便挑一处，坐下，极惬意地呼出一口长气，不时仰头望望，看着影子如何从弯曲的山墙落下，穿过镂空的砖墙，或是那些设计更繁复、上有雕花砖石或充满阿拉伯式怀旧风格花纹的漏窗，流连忘返。

在平台的另一头，离它稍远的地方，另有一座长方形带栏杆的亭子，特别方便人们凭栏而靠。在英国，我们好像从来不这么做，真的，栏杆艺术好像完全被忽视了。人们可以很舒服地靠在这些栏杆上，俯视下面那两个极为僻静的庭院。每个院子中央都有一棵树，用只在中国或日本才有的方式修剪过。其实日本的所有艺术都是从中国学来的，但现在的英国人好像并不记得这点。还可以望见恰巧在平台上或较大楼阁中走动的人们，看他们一会儿在这边，背后衬着天空；一会儿在那边，靠着巨大的树干，如在画中。

中国城市的特色之一就是，从远处俯瞰，都像隐在茂林之

⊙ 我家花园中的假山、亭子和一位满族妇女

中，北京尤其如此。中国人在乡村里坚持不懈地把每一棵树都连根拔掉，却将生长在城市里的树木视为珍宝，以至于不惜让树干穿过屋顶，而这种景象并不罕见。所以，除了花儿以外，所有通常能给一座园林添色的成分，我家的花园一样都不缺！不过，在请教过几位来访的中国女士后我得知，根据花园原本的设计，园里似乎没有地方可供它们生长。她们说，石山上是不允许种花的。我一直想象如果有中国人最喜爱的粉红色的牡丹点缀在这些灰色基调的岩石上，它们一定相得益彰。但是不行！这样做会违反所有的中国审美原则；石山必须维持光秃秃的原样，甚至连岩生植物都不能在上面见到。我知道，就连那座由紫禁城雄伟的城墙围绕着的幽雅浪漫的御花园里，都见不到这样的情景。不过，那时我还猜想这是不是八国联军劫掠的后果，不用说也可能是中国人自己破坏的了。现在看来不是这样。这就是中国石山该有的样子，天然去雕饰。

我回想起几位满族格格领我去看她们家的花园、更确切地说是花园所在地时，发出的笑声。女孩们调侃地说："现在那里没有花园，只有园子了。"然后，她们拉我去看那在一切——北京之围，此前的使馆区之围，拳民的动乱（也许我们更应当说是他们某种周密计划的失败）——发生之前原是花园的地方。傍晚暮色中的这幅情景是多古怪啊！年轻的格格们蹬着鞋底中央带有 4 寸高的鞋跟的花盆底鞋，头顶着满族妇女常戴的发冠。发冠两头横伸出至少 6 英寸，上面插了无数的各色大绢花和珍珠饰物，因此显得越发庞大。越来越多高大的身影开始从花园的各个角落里浮现出来，也都戴着宽宽的发冠——有点像阿尔

⊙ 我家花园中无处可通的窗

萨斯地方的黑色缎带发饰，一样好看，但要大很多——蹬着那种高得异乎寻常的花盆底鞋。她们可能是亲戚女眷，或者是婢女，虽然我觉得不像。

日落之后，天光渐暗，这场景更叫人觉得诡异——也许是因为最前面站了一位年迈的老公主而又增强了这种效果。她才是这座邸园的主人，被我们的嬉闹惊动了，而且显然大为不满。"都是些谁呀？"她像是在说，"要干什么呀？"她年纪虽大，身材依然挺拔。她居住的院落，更确切地说是她特享的楼阁，面朝这座花园。看来年轻人好像是没有权利成群结队地闯进来，在老妇人的地盘上吵吵闹闹的。

越来越多的高大妇人涌现出来，好像无穷无尽似的。夜幕下，她们的身材显得更高，表情模糊不明，完全看不出是否友善。她们也没有理由善待我们，这样的念头在北京没人能摆脱。所以，当我们毫发无损地脱身离开时，真是如释重负！连回到那并不太舒服的北京马车里坐着，都让人觉得轻松！就这样，我们逃离了那个诡异的场景。

据说那是古老的规矩。满族格格府邸的大门永远不对外国人敞开。就连中文老师——他屈尊收钱教你学习这一神秘的语言，其实希望你永远都学不会，因为认定你根本不配——如果在马路上碰到你，都不会弯腰向你行礼，或用其他方式打招呼。在北京，你还会碰到很多这样的场合，虽然在海外并不常见。在葬礼或其他类似的场景，你跟这样的人擦身而过，衣服相蹭，但你明白任何灵魂的交流都是绝对不可能的。世间的鸿沟宽到无桥可通，而他们在思想和情感上同我们至少有 5 个世纪之遥。

⊙ 假山边弯曲山墙上的门洞与厨师的嫂子

尽管仍生存着，他们的时代已成为过去。我们离开了那位年迈的公主，却为那些年轻的格格感到惋惜，因为她似乎是个很顽固强势的人。我们当时就觉得，没有任何办法可以说服她不妨让我们看看她的花园。虽然穿上了按照我们那可怜的标准算是最好的礼服了，在她眼里，我们一定永远是类似易洛魁族①的蛮夷。

但是，这些女孩如同我家乡的女孩一样活泼。她们有关花园现在不再是花园，而只是一个花园曾在的地方的谈话深深刻在我脑海里。我也常常觉得那也是对我家花园的贴切描述。

但是中国朋友说，无论在何时何种情形下，园里都不该栽花。只有盆花例外，沿着环绕花园的碎石砌花小径摆成一溜，或是簇拥在半圆形的窗下。这种窗子没有什么实际作用，仅作装饰。如果愿意，你可以隐到它后面探出头来，看来就成画中人一般了。显然，这个花园原本就不是造来种花的。主人不必跑到外面北京臭气熏天的大街上，就能随时在这里享受闲居之乐。人们可以在此地度过一个安逸的夏日，伴着阵阵清新的夜风，随意交谈，开怀畅饮，屋里的人很快就酒酣耳热了。席间常作这种游戏——双方快速出拳，在伸手之前，猜出对方的数字——意大利人称为 Moraa——如果不是在园中的亭子里玩，这种喧闹很快就会叫人生厌。

不管最早的主人是谁，他显然是不惜代价建的这座府邸。我常常揣度他是个怎样的人，造园是按照自己的品位，还是请了一众建筑师、装修师之类的人。我们住的似乎是这座邸园的

---

① 北美土著，亦称印第安人。

⊙ 花园中的叶状门

主楼，包括三间正房，按照中国习俗，两厢又各有两间屋，对着院落，一头是个带檐的门，门外一侧有另一条通道，通向大门。不过，那也不是一通到底的。人们必须要采取一切措施防止恶鬼寻路而来，如果直通通的话，它们当然就会长驱直入了。与中国的常例不太一致，我们这三间屋还与其他房屋相连，在两侧伸展开去，各自通向对应的庭院。其中一个院子因其寂寥的气氛，特别吸引我。好像没人想过要进去。人们很容易联想到，某位饱读诗书但又无法谋生的家族成员曾隐居在那里。

屋后是花园的第一部分，对面一个高低不平的斜坡上有一水景，很像一条小溪。当然，水里本该种些驱蚊的水草和其他植物，比如荷花。不过，我们想最好还是不要阻滞水流，所以什么也没种。有两座精致的小桥跨过水面，通向花园一边那座略小的假山。山后有一扇无景可观的窗户。花园另一边是前面提到的石山。在面对我们房间一侧的山腰上，有一片同样由三间屋子组成的楼阁。我们想那一定曾用作主宴会楼。它由一条狭窄但非常雅致的走廊环绕着，从上面可以斜望一座花园。我第一次上去时，园里满是可爱的白丁香。一道我们在中国所见过的最美的围墙将这画面裁成了斜的。围墙是斜的，墙檐也是斜的，似乎是用边缘尖锐而不规则的石块垒起，以细细而凸起的灰泥勾线，总的看起来像是一张微微揉皱了的纸。墙上有个倾斜的门洞，不过斜的角度和围墙相反。因为倾斜，第一眼看它时，人们总会担心这小的门能否过得去，其实它的宽度足以容纳一个身材粗壮的人。

我们一直觉得，围墙那头的房屋一定是最受宠的妻妾的住

所。那三间房中的内室正对一个又长又窄的庭院。窗户的形状
不同寻常，曾经从这窗子望见过院子的人，绝不会怀疑这几间
房是用来珍藏心爱之物的。它们肯定不会是穷读书人亲戚或是
老祖母的住所。后者的住房可能就在后面，靠近那半月形的戏
台。其中一间屋外有个台阶很陡、看起来非常令人生畏的地窖。
这是用来烧炕的。炕也就是屋子一端垒高当床的地方。冬天有
时炕烧得太热，人在上面几乎躺不住。这些地窖也用来藏过宝。
在1900年的恐怖时期，许多可怜的夫人小姐们整天藏在这里。
外面大门紧闭，好像里面没有人，只有某个忠实的仆人或男家
人在夜里从花园的围墙翻进来送饭。

　　那座可以俯瞰花园美景的椭圆形亭子后面，有一间非常奇
妙的露天书房。墙上固定一张半圆形的桌子。漏窗设计独特，
所在的位置恰巧既能让新鲜空气透过，还能让一束阳光专门落
到读书人身上。我一开始就计划坐在那里读书，但从来没实现
过，甚至也没有在通向它的那座长亭子里坐过。下面的院子里
有座保持了旧貌的小小暗梯，踩着它也可以登上这座小书房。
一位美国画家为了给将来的插图作品画些速写草图，天天到园
里来，他首先画的就是那座亭子。年轻的英国建筑师绘制了一
张整座花园的平面图，还想编辑一本关于砖瓦、漏窗和屋脊装
饰设计的书籍。他同样为露天书房里墙和天花板的独特设计而
惊叹，虽然这些都只是为了让读书人偶尔抬起眼来时，能从中
找到乐趣而已。但是出于某种我也说不清的原因，我尽量避开
这部分花园。后来，通过询问，有人简要地给我讲了一个悲惨
的故事。在花园欣欣向荣、府第荣华富贵的鼎盛时期，当年的

主人被召进宫中，回来之后就自杀了。我立刻想到一定是在这座亭子里。一天晚上，我翻看一段俄国通俗小说，这种小说中的男主人公照例不是发疯就是自杀，就算二者兼有也很平常。读完最后一句，我抬起头来，在静谧的夏日午后那灿烂的阳光下，我似乎看到了整个场景——看到主人最后望了一眼他的领地，憔悴、皱缩的脸上带着知道这是最后一眼的凄绝。然后———切就都结束了！"为什么不呢？"一个自我嘲弄的声音好像在问我，"当你为自己聚敛了一切常人所欲的东西之后，除了一死，还剩下什么可做？"

世俗追求的享乐满足后，随之而来的就是厌腻。我也不是第一次这么听说了。我从来没见过一个人在得到他想要的一切之后还能活下去。不正是"追求的快乐"才让生活如此精彩吗？我把俄国小说放在一边，但脑海里仍留有那个不是很老、却很富有的中国中年男人的形象。在这座他为愉悦自己的心灵建造的贵族乐园中景色最美的地方，他像洞中之鼠似的被迫选择死亡。

这些楼阁下面，穿过一道窄窄的长廊，另有一组房屋。我们在宅子里住了好几个月都没有发现它们。显然这些房子曾非常漂亮，虽然积了厚厚的灰尘却仍然保存完好的木雕足以证明这一点。从书架上残存的中国书之类的东西来看，这像是个藏书楼。书架下面有各种形状和大小的抽屉。我想象着寄寓此处的谦卑书生陶醉此中的情景，还忍不住想，邸宅主人最快乐的时光也一定是在这里度过的。从此楼和藏书的规模和气派来看，他是个非常爱书的人。

宅第中除了我们居住的地方，另有两处面积相当但稍显破旧的房产，一处由北京盲校占据，另一处是一间日本印刷所。其实，如果把三处合一，好好修整一下，人们就能意识到根本不用到外面去寻欢作乐了。当然，有特别需要，想来仍要大队出行。前后是马队，中间是四人抬的大轿或马车。按北京风俗，为减轻颠簸，轮子远离车厢。车上有挡尘的活动遮帘，丝绸幔帐，还有可以倚靠的软垫和更为柔软的毛皮。

可以想见宅主的最后一次出行以及回家途中，已知道了结局，该是怎样的万念俱灰啊！眼前的无比奢华，前途的极端绝望！

生活在北京似乎总是令人产生绝望的感觉。我猜许多年幼时给灌输过英国历史的孩子，曾经也像我一样，没心没肺地觉得，如果他们活到最后没被吊死或砍头，就算是幸运至极了。我记得曾跟我姐姐热烈地辩论，当有另一种死法可供选择时，我们应该挑哪一种。她断言我选了上断头台也没用，因为这种高贵的惩罚手段从来不会赐给我们这种地位的人。我深受打击。对现在的英国来说，那种日子已经过去了，尽管直到詹姆士二世 ① 统治时期，英国人还不但被大规模屠杀，而且被卖身为奴。这听起来更糟，当然也更为野蛮。中国仍处于这种时期。那些身在此地却不能反思歌舞升平的英国的过去的人们，便错失了居住海外的种种好处当中最有用的一种。只有鉴往，才能知来，而从正在经过人类文明发展史上相似阶段的其他国家身上最能看清我们的过去。想想很久以前自己也曾是婴孩，曾给逗弄过，

---

① James II（1633—1711），英国国王（1685—1688）。

大多数人有时都会觉得有点丢脸。但这是事实，一个国家也必须度过婴儿期。

在北京花园里住了几个月之后，我们格外高兴地意识到这是 20 世纪。希望能很快过渡到 21 世纪似乎有点得寸进尺。虽然在高耸的槐树的阴影下，在北京城大黑乌鸦的叫声中，我们还能寻觅到许许多多远古的安详和乐趣，可是这又夹杂着多少可以避免的悲伤和痛苦啊！

今天人们付出的努力是否会让 21 世纪变得更好呢？

第二章　两宫回銮

4 月 15 日

　　我们一到北京，就听说慈禧和光绪正要移驾南苑，在离北京大约 5 英里的马家堡（Ma-chio-pu）下车，自然立刻决定去那里观看盛况。

　　此前我们几乎是一口气横跨了中国。从成都到重庆，通常要花 11 天的路程我们只走了 8 天半。然后，我们坐一艘小船下宜昌，日夜兼程，在 6 天里穿过了长江三峡。当时还有一队欧洲人，舒舒服服地坐着普通的船，花了 14 天才完成同样的行程。在宜昌，我们转乘一艘小火轮在 3 天内到达汉口，又花了 3 天乘另一艘大火轮从汉口赶到上海。从上海到北京又花了一周时间，包括途中在青岛停留一天，在天津待了一夜，然后坐 3 小时火车到北京。

　　次日我们即坐上人力车，风尘仆仆地去迎御驾了。一路上同样去迎驾的人就是一道风景。大小官员及其随从骑着土气但结实的天津小马。更好看的是晃悠在人们肩挑的箩筐里的那些明黄色瓷器。

最终到达了车站，但见到处是明黄色的绸缎帐幔，只有中央例外，交错着黄、红、黑色的帐幔。站台铺了红布，并有一些设计非常巧妙的带栏杆的坡形平台，显然是用来方便下车的。车站一边支着一座精美的黄缎帐篷，是皇帝上一次等候那位过继的姨母去皇陵时用过的。另一边是朝廷各个官衙的帐篷，蔚为大观。都察院的帐篷小而朴素，但位于正中；总理各国事务衙门的帐篷是蓝黑两色的，宽敞漂亮。后面两侧是更多的帐篷，左侧的均为蓝色镶黑边，右侧则为单色。再后面，隐约闪现长长的一排华盖，色彩鲜艳，同赐给官员退职时用的那种类似。还有更长的一排袁世凯的鲁军，每个士兵都拿着一面卷起的三色旗。

一位接一位大臣驾到，下车，互行官礼。行礼时，右手滑至膝下，同时屈膝。人人身着锦绣官服、及膝官靴，大串朝珠垂至腰间，锥形官帽披着红色流苏，胸前都有一块刺绣补子，文官绣鸟，武官绣兽。在宣布皇家专列到站之前，我们就这样站立在一大群蓝徽[①]大清官吏当中。车一到，站台上立即人满为患，好像车厢里突然涌出了无数的随从。行李车从一大早起就不断开来，此前也刚有两列车的行李到站。贵宾车厢刚好停在我们面前。里面出来个人，据说是总督袁世凯。然后看到李莲英向外张望。他是慈禧的心腹，每个希望觐见太后的中国官员都得付给他一笔同自己的收入相称的银子。他真算是谦恭，在小踏板上站了片刻，眼光下垂。操劳于职务在他脸上刻下了一些细

---

① Blue-button，原指伦敦证券交易所职员，这里借用来形容身穿统一朝服的清朝官员。

小的皱纹。这绝对是张谨慎的脸，属于一个能干又谨小慎微的人。但是这绝不算是一个恶相。此人与其说心狠手辣，还不如说是行事决断、意志坚定。对这样的人你别想左右他。他能在别人大多会放弃的时候，还要千方百计获得成功。若他和慈禧是对头的话，真不知会发生什么！不过，两人一定凭直觉感到他们在一起是惊世绝配，所以才联起手来。

李莲英一下车，人群起了一阵骚动，我们才注意到有一个机灵的瘦削年轻人从车厢里轻快地走了下来，脸上挂着就像普通英国青年在旅程结束时会有的笑容。"那个机灵又高兴的年轻人是谁呀？"这个问题几乎已到了我嘴边，身后一位英国工程师却不顾事先的警告，把它大声问了出来。立刻，前面一位中国官员转身用力扯我的袖子，好像我是犯规之人似的。这正是中国皇帝本人。人们还没来得及认出他，他就迅速钻进了等候的金黄色大轿，静静地给抬走了。从他坐着的侧影能注意到他那尖尖的下巴，仍朝向他刚离开的火车。在中国，大官出行，人群总是一片肃静，何况天子驾到！如果是在几年前，那外国工程师一定会因冒失而遭砍头。在过去，中国人迎接圣上时必须面朝大地、双膝下跪。可今年，连行礼的人都没有了。

下一位现身的是慈禧，皇太后陛下。她身着鲜艳的刺绣袍服，两侧各有一个太监扶着手臂，在火车站台上站了一会儿。她的脸很宽，有好几重下巴，在这种场合下自然显出68岁的老态。她的双眼始终下垂。那恐怕是我看到过的最长的眼睛了。虽然她看起来神态自若，却没有一丝笑容。据说她笑起来时，那冷酷让外国公使都打寒战。她只是垂目肃立在那里，却自有一种震慑力。她脸上似乎未施脂粉，眉眼也没有人工描长的痕迹。如果化过妆，那一定化得非常好。但最让人惊异的还是她的镇定。她的侍从似乎想让她从站台上下来。慈禧不愿意，纹丝不动。就这样一直在火车站台上定定站着，直到一位铁路官员从什么地方气喘吁吁地赶上前，帽子也没戴，给她深深地鞠了个躬，慈禧才满意。她立刻坐进一顶只比皇帝用的略小的轿子，很快给抬走了。但是过了良久，我的大拇指仍有刺痛的感觉。

当徒有虚名的皇后一走出车厢，火车就开始往后倒了。我只见到她的眉眼和宽宽的刘海。这张脸看来也还顺眼，但无法感觉到任何权威。

而在太后的慈眉善目中权威是显而易见的，那张笑眯眯的脸上每一条皱纹都透出虚伪。但凡有人类社会的地方，都有太后这样的人物。如果她是一位英国母亲，人们马上知道，她会把所有女儿都嫁给长子，无论对方是疯子还是酒鬼。她会踩着仇敌的尸体前进，一边微笑，一边说着好听的话，不露一丝愉快的激动。只要能达到目的，她绝不在乎手段。见过她目光的人惊叹其敏锐，见过她笑容的人深感其冷酷，与她会晤过的女士诧异她几乎可以同时恶狠狠地训斥一个太监，又继续优雅地与客人交谈。

一位在火车站见到她的英国商人后来说："哦，我的想法大为改变了。过去我总觉得太后不可能跟义和团的动乱有一点关系，可这个女人是绝不会被胁迫或欺骗的。现在我相信全都是她干的了。"

少数几位受宠若惊地被她接见过的外国女士，好像反倒更确信她的冷酷。她们也都认为她从来不让皇帝独自一人，她或李莲英总在左右，这样他无论说什么他们都知道。

还有一段轶事。一次，太后设宴，客人中来了个美国小女孩。皇帝立刻抱起她，亲了又亲，直到孩子看着她母亲，说："他真的喜欢我，妈妈，是吗？"此后，他就追着这孩子，不停地亲她。她是个圆脸粉颊的 5 岁小孩子。但是，中国皇帝是怎么学会亲吻的呢？他如何得知有这样一个动作的？除非有外国人教过，辽阔的中国从古至今、从北到南没有一个男人会亲吻妻子或孩子。没有一个中国母亲会亲吻她的孩子。最相近的动作只是捧起孩子的脸凑近自己的，像是在闻他一样。可是，中国的皇帝显然已习以为常，所以一见到这个外国小女孩，他就立刻把她抱起来，亲了她，好像这是世界上最自然不过的事情，虽然对寻常中国人来说，这是极为做作甚至恶心的动作。

皇室成员都隐入他们的明黄轿子里，三辆鲜亮的明黄色马车跟随其后，一队着黄色外衣或称马褂的士兵紧紧护卫在周围。他们的长官不伦不类，臂戴英国海军军官的金色横杠，头戴俄国军官的厚毛皮帽，在北京 4 月的烈日照耀下，热得够呛。他们全部撤离以后，那明黄色好像也把阳光从地球上带走了。我们似乎立刻置身在一场北京沙尘暴造成的昏暗之中。马车、骑兵和拽着人力车的可怜苦力们，在刻满车辙、同田地没什么差别的马路上争先恐后地往前跑，乱成一团。

那一天是 4 月 15 日。4 月 23 日，也就是圣乔治节，人群站在前门城墙上观看两宫回銮。开路的是一队着紧身黑衣的骑马侍卫，护胫甲松松地挂在他们腿上，银光闪闪。一个护卫一声长喝，一列黄轿子出现了。这一次，皇后的轿子紧跟在皇帝的后面，被帷幔遮得严严的。皇帝的行动还是闪电般地迅速，几乎连一眼都不让人看到。他跨出轿子，祭过供奉护国大帝关羽的武庙，立即又被抬走了，叫人都不敢相信他曾下过轿。反之，慈禧太后则停留得很久，向城墙上各色外国观众先是挥手，再是挥手帕，然后又要来了一副看戏用的眼镜，以便更仔细地打量他们。三天过后，通往紫禁城的道路上仍然聚集了无数的马车，满载地毯、毛皮和形形色色似乎毫无价值的行李，城墙外边则围着一长溜人力车。

从北京的城门上看去，两宫回銮宛如一群乱哄哄的强盗进城。整个北京其实也就像是个营地，其大部分如今成了废墟，而位于这个伟大城市中心的一切美丽动人、赏心悦目的地方，都与世人无缘而专供一个女人独享了。她攫取了这个帝国的宝座，而且显然打算趁她在位时尽情享受。可以想象如果深受爱戴的亚历山德拉王后[①] 把白金汉宫、圣詹姆士宫和肯辛顿宫，还有圣詹姆士花园、格林公园和海德公园都关闭，除了她自己和随从以外，不允许任何人在那里通行或散步，甚至堵上皮卡迪利大道，伦敦会是什么样吗？慈禧在北京的所为与此类似，只是她独占的空间范围可能更大。而过去并非一直如此。紫禁城的宫殿虽然一向由高耸的围墙环绕，但白金汉宫的四周也同样有围墙，尽管矮小。对此人们无可厚非。但是，慈禧决定住在紫禁城外美丽的北海里，于是把它也对外封闭了。也是

---

① Alexandra（1844—1925），爱德华七世之妻。

她决定关闭那座过去允许所有人自由往来的汉白玉桥。此桥的关闭对北京的百姓和上朝的官吏造成的不便是如此之大，以至于赋闲的皇叔恭亲王答应在 1898 年政变后重新主持洋务的唯一条件，就是开放汉白玉桥的交通。这样，城东城西才再次相通。但恭亲王已死，慈禧依然当政，汉白玉桥再次被关闭。而太后正沿着奢华的北海边那蜿蜒的道路，坐车徜徉在莲湖边漂亮的古树下。

在俄国明确提出了割让整个满洲的要求之后，慈禧并没有试图解释她为什么还要派兵增防，而是拒不承认。等各国公使们群情激奋之时，慈禧太后已经解决了另一个更为棘手的问题。前驻巴黎公使偕同带部分美国血统的夫人和女儿们满载巴黎给他们带来的愉悦回国了，后者还带回了巴黎的最新时装。其中一位年轻小姐将在 5 月 12 日太后接见外国公使夫人时任翻译，而后一天则安排接见公使们。两次接见都安排在位于郊外颇远的颐和园内。问题马上出现了，这位年轻小姐该穿什么？她本人说，如果不让她穿上最时髦的巴黎礼服，就没法担任翻译。太后通过当时的总理大臣庆亲王①传话道："前驻巴黎公使夫人因是半个美国人，可以穿戴美国服饰入宫。但是，满族官员的女儿必须穿戴满族服饰入宫；不过，因为小姐年幼并未练习过穿高跟花盆底鞋，"（一种鞋底中央带鞋跟的鞋，是满族贵妇服饰不可或缺的一部分）"免不了会绊倒，所以允许她着满族少年服饰进宫，可免穿官靴。"问题就这样解决了，其逻辑可以

---

① 奕劻。

用造船厂的大锤来比喻，它既能锤直钉子，也可以锻铸大炮。不过，裕庚小姐①还是穿了她的巴黎时装，甚至还让妃嫔们跳了舞。

据此，我们可以相信慈禧太后在解决满洲问题上毫无困难。她清楚地知道自己想要什么，只要能如愿以偿，采取什么手段对她来说并不重要，因此她总能成功。我们见到她时，她已68岁。回顾过往，那是多少年的辉煌啊！要知道，她是一个贫穷的小武官之女，又是出生不久即丧父的！令人欣慰的是，听说她从没有忘记或忽视过任何一个在她籍籍无名时善待过她的人。

一位眼光敏锐的医生在某天观察过她后，说发现她有致命之疾的症状，只有两年、最多三年可活。我倒没看出什么病来，但是在观察她时，明显觉得她比实际年龄老两岁。我同其他人谈到，发现她有一种天赋的强大震慑力时，一位俄国夫人兴奋地惊呼起来："那正是某某和某某告诉我的。只要她在场，人们总是觉得紧张，不知所措。"

英国临时代办的夫人抓住在保定府的机会，与当时也在那里的慈禧作了一次私下的友好会面。就是在保定发生的对普通英国人的疯狂屠杀最终导致了公使团决定调兵干涉。她和美国公使夫人计划用整个周日去颐和园拜访皇太后。美国公使夫人言必称"我的朋友慈禧太后"或是"皇太后陛下"。但是，每一

---

① 原文作 Miss Yu Keng。查清朝驻法国使臣中有裕庚其人，于1899至1902年在任。前任为庆常，1899年9月28日卸任。裕庚卸任时在1902年12月17日。这里所叙似为裕庚女儿德龄，时年18岁，随后做了慈禧的侍官，并被赐予"公主"称号。著有《清宫二年记》等回忆录。

次老佛爷（中国人对慈禧太后的称呼）召见外国人，中国的女基督徒们都会想到那些被尊为殉道、实遭屠杀的亲人，痛哭泪下，强烈抗议。

此时，我们满头满脸沾着北京的沙尘坐在那里。有人为法国人的计划没有实现而感到遗憾。潜水员都已做好潜入宫中那口井的准备了。传说在逃离北京的前夜，慈禧传令把皇上最喜爱的妃子推入井中。慈禧本人则站在一旁，看着石头扔到这个不幸的年轻女人身上，以防她的尸体会浮上水面。还有人猜测皇上是否吃了慈禧给他准备的药，他的健康是否因此给毁了，身体也停止了发育，因为他的年轻相貌与实际年龄太不相称了；或者，像古代罗马人一样，他是个意志极为坚强的人物，目前韬光养晦，等待时机的到来。

赫德爵士①已经完成了在废墟原址上的重建，而且没有保留一点过去的痕迹：他宁可遗忘这些。其他人也在遗址边建起了像样的住处和学校。但残破的废墟依然俯视着他们，让人想起那些不是被推入井中，就是在围墙里惨遭杀害的朋友们。英国人经过北京返回山西，返回因至爱亲人已逝而成为圣地的处所。非常奇怪，不是吗？像过去那些为"赞美我主"而牺牲的十字军人一样，他们也被称为殉道者。我们在教堂里仍然吟唱这句话。但是在北京，人们经常自问，在唱的时候，我们真这样想吗？如果曾有一个城市目睹过奇迹，那一定是1900年的北京。如果曾有一个城市因殉道者的鲜血而成为圣地，那一定是

---

① Sir Robert Hart（1835—1911），英国人，1854年来华，自1863年起任中国海关总税务司，直至去世。

北京。在这么多经过北京的旅行者中，谁会去参观那些曾有中国人英勇蹈难的地方或关切幸存者？然而，有一个曾两次因被认为已死而被抛在街头的男子经常来拜访我家的花园，他放弃了自己的小官职，完全投身到善事中。他的脸看起来就像一首赞美诗。还有许多人仍在哀悼着那些死去的人。

第三章　官员等级

大多数旅行者在离京后都会发现，记忆中最生动的是北京城的风光，是初次见到肃穆的城墙和巍峨的门楼及雄壮的骆驼排成长队缓缓地蜿蜒通过的景象，是紫禁城里走马观花的所得和天坛的片段回忆。

不过，没有一个中国城市有像欧洲那么多各种各样高耸的城堡和尖塔。中国人相信 100 英尺的高空是神仙来往之处，怕妨碍他们，没有建筑物会造到这个高度。雄踞在北京城墙上的门楼算是相当高了，也都最多到 99 英尺。除了这些辽阔的全景式画面会长久驻留在记忆中以外，一些小街景也不容易让人忘却。初来者可能对这些更感到新奇有趣：红顶大官的葬礼，高官上朝回来或去衙中议事的仪仗。侍卫或骑马、或坐车，在大人前面先行；有时还有腕上擎鹰的骑士后随。太后的车队出行时，她后面总是紧跟着一个腕上擎鹰的男人。

初来者总要问些大官们的个性和品级的问题。如果大人坐的是车，也就是轿车，立刻就能从车轮离车身的远近看出其品级，有时距离甚至可能与车前的马头同车身一样远。这样车身便悬在了车轴之间，由恶劣的路面造成的颠簸因此而减轻，但又造成另一种摇晃，像是坐在骡驮轿里一样，会让有些人发晕。在另一些场合，最高品级的官坐四人抬的大轿，前后抬轿人的距离也很远。而普通人在北京只允许坐两人抬的轿。高官们当然有时也骑马，但是除非是满族人，这样的情况很罕见。在盛大的仪仗行进时，先行的人以悠长的吆喝开道。如果大人坐的是锦缎大轿，两侧会排满扶轿的仆役，好像是预备轿子倾倒时救他一样。

当李鸿章在一次觐见后因擅闯太后的御花园而被剥去黄马褂的消息传到英国时，不少人觉得好笑。但事实是，黄马褂就像英国的嘉德勋章一样，是一种荣誉而非服饰。而所有官阶的标志，如花翎、顶戴、朝珠和补子，都能由君王任意褫夺。为弥补或真实或虚构的罪过，就连官员的俸禄也常常被收回，以至于许多官员为图省事，干脆等到年底才支取他们剩下的俸禄。俸禄是中国官员的收入中最小的一部分。官职之所以宝贵，以至于常常要花巨款才能捐得，是因为在职时可收到甚至强索贿赂。

下面是一张北京街头常见的官员的品级简表，认为这种身份之类的东西很重要的人可能会感兴趣。不过首先得记住，文官的品级总在武官之上，武夫在中国是特别受鄙视的一个阶层。

官员和品级的区别

文官

一品：镶透明红宝石或其他玉石的红顶，胸前背后的补子绣仙鹤，玉制腰带扣饰有红宝石

此是头品文官仙鹤补服

⊙ 头品文官仙鹤补服

二品：红珊瑚顶，补子绣锦鸡，黄金腰带扣饰有红宝石

三品：蓝宝石顶，单眼花翎，补子绣孔雀，镂花金腰带扣

四品：青金石顶，补子绣云雁，银扣镂花金腰带扣

五品：水晶顶，补子绣白鹇，银扣素金腰带扣

六品：砗磲顶，蓝翎，补子绣鹭鸶，玳瑁腰带扣

七品：素金顶，补子绣鸂鶒，银腰带扣

八品：镂花金顶，补子绣鹌鹑，青牛角腰带扣

九品：镂花银顶，补子绣练雀，水牛角腰带扣

武官

武官与相应品级的文官的顶戴和腰带相同，不同的是补子。

一品：麒麟

二品：狮

三品：豹

四品：虎

五品：熊

六品：彪

七品：斑点熊

八品：海豹

九品：犀牛

所有九品以下的官员可以在补子上绣黄鹂，无品级的翰林

绣鹭鸶①。

在中国各地，人们均需依时更换衣着。每一位自重的男子必须按照季节替换六套装束。严冬时着厚皮袄，然后是薄皮袄、夹袄、夹衣、单衣，最后是他们所称的夏衣，由我们叫作中国草②的原料织成。在炎热的季节穿着它非常凉爽舒适。当伦敦的气温达到华氏 80° 时，看到人们气喘吁吁的样子，很奇怪为什么没人把这种衣服介绍到英国来。穿着这种衣服是不会气喘吁吁的，因为它像亚麻一样凉爽，空气穿透衣料时似乎把热气和湿气都带走了。夏衣有白蓝两色，非常耐穿，没有这种衣料对英国市场来说是唯一的缺点。

帽子有竹编的，外面裹一层薄纱——在盛夏，只有官员才戴帽子——有普通的黑色面子带衬里的，还有镶毛皮边的和全毛皮的。虽然这个辽阔的帝国跟欧洲一样跨越多纬度，各地的男人却在同一天从一种冠服换到另一种冠服。换季的前一天，会看到所有裁缝都在忙着裁剪或给新衣镶边。从便利的角度考虑，中式的裁衣方法堪称完美；许多人还觉得中式服装特别优雅，因其衣袖不上在肩膀上，而是接在从肩膀到肘大约一半的地方，这样就不必像我们那样因为袖孔紧绷而不得不用汗垫之类的东西。

满族服饰在北京最为常见。满族妇女不像汉族妇女那样缠足，而是像男子般自由走动。这立刻就给北京的街头增添了生

---

① 此表甚简，也不完全准确。清朝冠服制度最初完全沿袭明朝，后稍加变动。详见《清朝通典·礼·嘉四》和《钦定大清会典事例·礼部》。

② 即苎麻。

气和趣味。满族妇女一般都很丰满，发育良好，有着红润细腻的面颊。而汉族妇女因无法走动，多数脸色苍白。她们试图用胭脂来掩饰这一缺点也在情理之中。但是，为什么肤色红润的满族妇女也要抹胭脂，而且抹得更浓，这就令人费解了。当今皇后——非指慈禧太后[1]，她与生俱来的无限活力让她显得年轻又漂亮——我在一次社交场合见到她时，她满脸涂着厚厚的胭脂，妃嫔们也是这样，都难看极了。

满族妇女都穿极高的厚底旗鞋，头戴巨大的满族发冠。发冠在头的两侧伸出，上面满缀花朵、簪钗和其他饰物。整个发冠一定很重，迫使脑袋高高地挺着。大发髻须光滑硬挺，要绾成那样得花很长时间。虽然总有一把大梳子把发髻支起来，但发髻一般都还是现买或定做的。就像时下许多英国女士一样，定做了头饰，再把它跟自己的头发紧紧编在一起，固定在头上。

旗人不分男女都穿长袍。冬天，他们经常在袍下掖个黄铜手炉取暖，其结果实在不令人愉快。但长袍在别的时节穿很好。当人们的巧手不为其他事而忙碌时，它还提供了在其上设计或制作最精美的刺绣的空间。满族贵妇的打扮让人惊艳。但是，若见过满族格格后又去拜访汉族贵妇，人们禁不住会感到经历了由一种略显粗鲁的文化到另一种先进优雅得多的文化的进化。

有人可能对大清朝廷六部的简要描述有兴趣。它沿用于1421年永乐皇帝为各部制定的庞大体制。六部组织结构相同：尚书两人，满、汉各一；侍郎四人，满、汉各二，分为左、右。

---

[1]　英文中太后与皇后均为"Empress"，故作者在此说明。

⊙ 一群中国官员

此外还下辖许多司，各有分工。

首先，吏部，即内政部，主掌所有文官（文官穿的朝服前后有绣飞禽的方形补子）的升调，检选候选官员并推荐给皇上；尚书一人即可选任从一品到七品的所有官员。该部还负责稽考全国所有文官的功过，决定赏罚黜陟。

第二，户部，即财政部，位于吏部北面一条以该部名称命名的街上。国家的贡品、赋税、海关和粮食，还有帝国的金库和铸币，都在它管辖之下。旗人赖以生存的俸饷——直到近年，旗人才允许做生意或自己想法谋生——一向由特派的满族官吏负责发放，此人及其办事机构也附属于该部。该部在 1903 年被烧毁，这是八年中的第三次了。两位隶属于美国公使馆的年轻人这次将账本救了出来。他们事后怀疑没人为此高兴。

第三，礼部，位于户部以南，职掌所有仪式，负责通报皇上并安排所有节庆和祭祀典礼。其尚书可以被称为中国的宫廷大臣，因为他负责引见所有外国使臣；所有译馆均在他属下；他也掌管未入仕途的士子之各级考试，将其姓名登记在册。该部负责铸刻所有官印，并决定印的形制。官印在中国官员生涯中意义重大。据说官位高的人通常由妻子保存其官印，而掌印的夫人是不该出门的。

第四，兵部，统管骑兵卫队、战事、海事和邮驿。该部负责任命所有陆海军官员（武官，胸前背后的补子绣走兽，而非飞禽），以及组织调遣步兵、骑兵和海军。该部必须提供所有马匹、各种武器和弹药，但其经费须从户部拨取，本部没有资金。该部还负责给外国人配备护卫，与各省之间通信的驿传也均由该部派遣。它的官衙平行于前文所述各部，位于西侧。

第五，威严的刑部位于西内城，靠近大理寺。其围墙有 7 英尺高，很厚，墙顶插有尖刺。这里是关押所有重犯的大牢。只有皇帝有权判死刑，所有死刑判决须由他首肯。但如抢劫、谋反或谋杀之类的罪，总督甚至级别更低的官员都可立即将犯人斩首，之后必须通过刑部上报皇上。按律例，重犯须押解到北京由刑部审判，经皇帝裁决后执行死刑。有时若该部不敢决定，则将该案上报大理寺，在皇宫中朝审。死刑按惯例在顺治门① 外执行，皇帝因此从不从此门通过。

第六，工部，位于兵部之南，皇城的南门外附近。该部主管所有官方建筑、宫殿、庙宇、军营、粮仓、桥梁，还有道路的修建。

除六部以外还有其他许多机构，其中几个或许值得一提。

宗人府，由皇帝指定的亲王主管，是最高级别的法司，专掌皇室和皇族宗亲事务。宗室成员允许佩戴黄腰带，因此称为黄带子。该府甚至可以审皇子。

内务府，专司皇帝和宫廷事务。皇帝所需的一切东西均应由内务府提供。府内设有专门的库房，类似私人金库。若皇后要钱，她会通知该府。如果府里没有，它会安排从户部或其他地方拨取。需要的话，还会要求地方总督补充库银。

都察院，设左都御史一人为总管，监察御史则像其他官员一样由吏部任免。每个部、京师五城和各省都设有监察御史。他们可审查监督任何人或事，过去关于监察御史的一些正直勇

---

① 又称宣武门。

敢的佳话多有流传。唉！现在有人则将都察院称为敲诈勒索院了。明朝时，该院位于顺治门西，现已在刑部以南重建。

内阁，负责解释帝诏，请用宝玺。明朝时，曾由太监负责送诏令到该部，现在则指派级别较高的官员行使此职。不一定要在北京居住才能成为内阁成员。内阁中四位成员与总督的品级相同，而大学士通常被认为是帝国中权力最高的官员。

总理衙门，即外交部，是随来华外国人的数量增加而设立的，用来充当外国人和任何他们可能要与之打交道的部属衙门之间的中间人或临时代理。该部曾位于东内城，清廷后来在同一街区相邻的一条街上又设立了外务部以取代已显然很不称职的总理衙门。不过外务部也已让人感觉同样碍事了。

军机处每日凌晨3时至6时到宫内议事，由一位亲王主持，八位成员组成。但皇帝可随意召集任何数目的大臣参与。他们与皇帝商讨国家大事。朝廷各部互相牵制，彼此密切防备。为免遭告发，各部行动均需非常审慎。

北京也是海关总税务司公署和大清邮政官局所在地。准男爵、圣迈克尔和圣乔治大十字勋章获得者、太子少保罗伯特·赫德爵士是两司的主管。衙署仍在建造之中。它们位于使馆区之内，中国人是不允许在区内设立机构的，由此证明这其实是在中国的外国海关。

海关提供的服务与外国人密切相关，其工作人员也均为外国人，不允许任何中国人担任管理职务，尽管日本或几乎所有其他国家的人都可以。原因在于该机构经常与钱打交道，而大多数中国人，引用我以前的一位顾问——唉！他现已去世——

的话说，"手里不可以有钱。"

现在，在远达 1500 英里的内地都设立了海关。它们为中国的命运带来巨大的影响。海关将征收的税款上交北京。这些钱过去一般流入地方督抚的腰包，或者用作他们治下的地方建设。不幸的是，这大笔款项的存在仍然是一种诱惑。自 1900 年以来，所有海关税收都已被抵押用作中国的赔款，这可能也是以后爆发中日战争的原因之一。

赫德爵士差不多在全中国都设立了大清邮政，进一步拓展了他那已经颇为深远的影响力。这个机构若管理得好，说它有重大的教育意义一点都不夸张。现在，在迄今为止仍浸淫在愚昧之中的偏远城市都可以收到报纸和画册。不说别的，仅仅就为这一个原因，罗伯特·赫德爵士的名字在他本人升入天堂之后很久，都仍会在中国各地受到高度敬仰。不管是有意或无意，他选择了从伦敦，而不是直接从北京升入天堂。

在我家花园周围漫步，罗伯特·赫德爵士也不可不提。他那林木成荫的漂亮花园成为北京所有外国人每周至少聚会一次的处所。聚会最后以草地上的舞会和伴着中国乐队演奏的《上帝保佑吾王》乐曲的游行而结束。每季终了时都会拍一张照片。把这些照片汇集起来，或许就能展现出过去多年北京外国人社交圈的众生相了。

第四章 皇族葬礼

5 月 15 日

5月的一个晚上，在白天的干燥高热之后，又刮起了大风。因为担心家里的大树会被风吹倒，掉到屋上，我们都无法入睡。每一阵风都像在大吼，"现在你该倒了吧！"清晨，有一段树干断成两截，掉在旁边一个屋顶上。幸运的是没人睡在那间屋里。地上落满了树叶、小枝和树皮的碎片。那天凌晨的空气是如此清新宜人，全然不同于往日。我还从未体会过这种感觉。不过，后来我们到蒙古草原旅行时，我又闻到这种熟悉的叫人精神一振的味道。

我们6点动身去看荣禄亲王（Prince Yung-lu）[①]的葬礼，虽然穿着厚厚的羊毛衣物，还是冻得瑟瑟发抖。坐人力车太冷了，我们是步行去的。好像就在几天前，他还是中国的亚西比得像[②]；他引领所有京城青年的服饰潮流；皇帝会把没人能骑的马

---

① 荣禄死于 1903 年 4 月 11 日，生前未受封为亲王，唯死后追封一等男爵。又，一般认为荣禄在慈禧与光绪之争中是拥太后反皇帝的，又因阻太后用义和团而失宠。

② 古希腊雅典贵族，将军和政治家。

送到他那里，因为他总能驯服它们。但他现在死了。大多数外国报纸都登了他的死讯，好像这意味着一位仇外情绪的大煽动者没有了。我却从不这么认为。

我想起没几个月前，在遥远的四川听说的一个美丽的故事。一位年轻女子一次见他骑马经过之后，无论什么人给她提亲，她总说："哦，不要那个男人，不要。让我有一个至少像荣禄那样英俊的夫婿。"恰巧后来他夫人去世，于是她最后嫁给了荣禄本人。我还在想，他是如何接替了显贵的李鸿章而受到慈禧太后的赏识的呢？但是，人们又绘声绘影地描述说，当有人策划——这也是据说——废黜年轻的皇帝、也是他的宗亲时，荣禄从容地宣布，如果那样，他会命令他的所有军队站在皇帝一边，这个方案才被放弃。另有传言说，荣禄在盛怒之下曾下令鞭打最得宠的太监李莲英，因此失宠，直到死都未恢复原来的地位。他是我最希望在北京见到的一个中国人，但是在我们抵京之前他却去世了。

他的府邸大门前等候着一辆用来运遗体的巨大灵车。我们从这里一路行去，观察出殡仪仗的各种细节。路边设着一个接一个的祭案，上面高高地摆着饽饽和堆成金字塔形的苹果，后者通常用面粉做成，呈非天然的玫红色。殡仪队伍在每一个祭案前都要停下。当灵柩通过时，人们都走出来，低头鞠躬，表示哀悼。北京的六部，即朝廷六个最高等级的官衙，都设有祭案。按例，在出殡队伍休息的地方，祭案上方是带蓝纱窗的祭棚。

我们走啊走啊，一直走到朝阳门。登楼放眼四望，美丽的北京城尽收眼底。满城皆树，宫殿的黄色屋顶在一片嫩绿色中若隐若现。远处是四方的鼓楼和它边上那带奇特中世纪风格的蒙古式钟楼。近处是一座贤良祠，碧瓦闪闪。不远不近处是煤山，北京的胜景之一，山上遍布亭台楼阁，屋顶闪烁着绿色、金色和最令人着迷的孔雀蓝色。耸立在山后的是北海边上那美丽的白塔，从那里伸出一条宽阔的大道，似乎笔直地通向我们这边，殡仪队伍即将通过此路。在这些俗世的繁华后面，更远处是清晰可见的西山，衬着被风吹过的黎明的天空，美丽得难以言表。除了覆盖有前夜刚下过的雪的地方，山峦皆呈青色。从那儿吹来的风叫人神清气爽。

我们恋恋不舍地走下城墙，迎接殡仪队伍。领队的是骑兵，头戴不太相配的欧式草帽，身穿红马甲，腰系红布带，坐在鲜亮的红马鞍上。接着是一队袁世凯总督属下的精兵，穿深色紧身衣，也戴草帽。随后是着黑衣或灰衣的放鹰人，其中一人擎着一只漂亮的带羽冠的鸟，另一人牵着亡人的猎犬。

"这样的猎犬有7条。"这一小群衣着显贵的人中有一个这么说。接着是一长列彩色功名牌，每块都由一个着黄色或红色团花绿袍宫服的人举着；随后是绿色的松扎狗两条、亭盖两座、雄鹿雌鹿各两头和4个人形；再接着是一金一银两头纸扎的狮子狗，行进时，它们的头摇来晃去，附着在金狮子狗耳朵上的长须也因此剧烈地抖动起来，看上去十分滑稽。之后是一长列旗幡和红伞，伴着盛开的盆花。后来我们逐渐发现，虽然放在真的花盆和花瓶里，这些花却都是纸扎的。然后又是功名牌，各种松活，长长的白幡，穿绿色和红色宫服的男人牵着5匹马驹，马鞍上搭着富丽的红色缎袍。

⊙ 荣禄葬礼仪仗队的队首

队列中间缓慢行进着职业哭丧者，着中国传统的白色孝服，居然抽着烟。他们后面是吹那种古老木唢呐的人。那深沉的乐音总让人觉得来自大洪水[①]到来之前的时代。接着又是着红色团花长袍宫服的人，举着很多赐给荣禄的功名牌和伞盖。大步走在他们后面的是几位蒙古喇嘛，穿金色锦袍，那气势像职位特别高的清朝大官。还有几位衣饰稍逊的人着红锦袍，戴黑帽，既非喇嘛也非和尚，据我看来，应该是白云观的老道。据说他们的帽中有发辫，但看起来不像。

然后抬过许多做得极漂亮的大黄彩亭。不时有绿呢轿子抬过，轿中坐着穿白色孝服的人。头戴前后扁平、像是土耳其毡帽似的高帽的红衣人穿插其中，每人拿着一面锣，但没看到他们敲。

接下来是荣禄的亮蓝绸镶边的马车，他专用的坐骑和另一乘绿呢虎皮大轿。在国家大典中，这乘大轿曾抬着他公开亮相。现在轿子是空的，行进中怪异地晃悠着，像是在嘲笑说："他死了！他死了！那个坐我的人他死了，看我还活得多快乐！"送殡人抬过另外几乘轿子，然后是亡人的骡驮轿，他以前斜躺过的座位上摆放着花枝。后面是一长列纸扎的假马，马腿下有轮子，鬃毛和马尾却是真的，之后是更多的纸马，拉着纸车。

又走来一群绿衣人，戴着高耸的蓝翎，将送给亡人的大把纸钱撒向空中。接着抬来一些官帽、朝珠、钱袋、烟袋、眼镜盒和书等的仿制品。这些物件和纸马、纸车一起，都会在墓前

① 疑指《圣经·创世纪》中所说的大洪水。

⊙ 荣禄的葬礼

焚烧，伴随亡灵而去。

　　终于，一群士兵簇拥着灵柩车走来，上面覆盖着带点披肩花样的红色织锦。我们觉得这远不及在北京常见的那种深蓝色的缎子上绣大金龙的棺罩来得醒目。紧跟着的是送殡的车轿，里面各坐一位白衣妇女，头戴难看的白色孝帽，又是吸着烟，颇煞风景。再后面是许多非常精巧的马车和几匹骏马。

　　路上不时见到一堆堆烧着的纸钱。无数满族妇女，穿着她们最好的衣裳，戴着特别高的发冠，出来看热闹。她们都很健康，有些还非常漂亮。可惜的是，大多数人都被眼睑上的红色眼影和脸颊上涂满的胭脂破了相。奇怪的是几乎每个国家的妇女都有一些类似的风俗，虽有损美貌，但她们自己和同族的男子却以此为美。

　　在我们互视微笑时，我意识到自己才更可怜——一个外国人无知地踩到一片新土上，而这新土只是看着新，其实是覆盖在一片污秽肮脏的烂泥表面上的薄薄一层，我的脚陷进去足足有 5 英寸深，在朋友帮助之下才拔了出来，在我衣服上留下的污迹比胭脂可糟糕得多了。不过，当我们再一次穿行在凌晨的清新空气之中回家时，任何烦恼都烟消云散了。

　　灵柩抬过不到两分钟，路旁的祭棚就被撤了。石头取出以后，水面的波纹就这样平息了。当一位公认的显贵从视野中消失之后，生活也就恢复了常态。但我想象，荣禄的灵魂还不能完全脱离重重束缚的肉体而自由，还会对一切恢复如常的景象——只是缺了荣禄——或喜或怒。

　　葬礼还不及许多上海商人的隆重，尽管殡仪带有一种没落

⊙ 荣禄的葬礼

的高贵，人们的脸和形象也似乎属于史前时期。在街上遇见他们，人的想象力也丰富起来，好像是面对面撞见了早已死去或消失的过去，也让人更强烈地想起那个每次葬礼必会让人想到的问题——死去的人真的死了吗？作为中国最显贵的人物之一，他的葬礼盛大与否有意义吗？是向他表示有人在真正哀悼他吗？我们并没有见到任何真正悲伤的迹象，葬礼只是中国的节日之一。在这里，死亡并不像在欧洲那样，被看作是"树倒在何处，就存在何处的"①幻象而令人敬畏。他在生前一定像任何其他中国人一样得到过爱。

　　但问题是，他现在会知道吗？死去的人真的死了吗？或者只是我们近于瞎眼，知觉弱到了无法感受他们存在的地步？如果是那样的话，这个世界就充满了我们曾读到过的生灵，恰如今天所遇，而且似乎从来没有像现在这样活灵活现。这个世界一定拥挤不堪，即便是在贝加尔湖上也是如此，它现在似乎很荒寂，但很早以前却是庞大的蒙古人种的发源地。

> 众人的脚步翻动起碎石，
>
> 匆匆而过不留下一个脚印；
>
> 生者和死者的身躯，
>
> 无言地充塞了繁忙的道路。

---

　　① 出自《旧约·传道书（Ecclesiastes）》第 11 章第 3 节：If the clouds be full of rain, they empty themselves upon the earth: and if the tree fall toward the south, or toward the north, in the place where the tree falleth, there it shall be. 云若满了雨，就必倾倒在地上。树若向南倒，或向北倒，树倒在何处，就存在何处。

⊙ 荣禄的葬礼

约翰·阿德科克[1] 爵士写道——

空中有我们听不到的声音，
昏暗中有我们看不见的幽影。

在北京的人群中，人们经常会感到突然面对面撞见了这样那样的阴影或幽灵。

---

[1]　John Adcock（1864—1930），英国作家。

第五章　京叭 ① 金鱼

几个世纪以来，北京只消费而不生产：四川和偏远的云南高原每年进贡白蜡和铜；杭州和苏州的织绣坊送上美轮美奂的织品，带着五爪龙纹的专供御用；鄂尔多斯部落进贡地毯；蒙古进贡马驹；全国各地选送来最上等的美食以及一切生活用品。不过北京还是有些特产的。北京犬在其中应该位列第一。全国都把它当宝物，有时甚至推崇它为圣兽或类似圣兽的动物。

北京犬的品种有北京巴哥犬（Peking Pug），皮毛顺滑，脸很滑稽；北京獚（Peking Spaniel），长毛亮如丝缎，脸也很特别；还有一种袖笼小狗，有些人认为它们本来就是一种小型犬，人工选种进一步缩小了它们的体形，有些人则认为它们完全是另一品种。近来，英国人以培育北京犬为时髦，不过最早送到英国的那一对是否良种颇让人怀疑。因为在适当的时机找到合宜的种犬十分困难——杂交，或是对如何选择性育种的无知，其品种一定有了某种程度的退化。对那些不能在原产地见到这

---

① Pekingese Dog，俗称京叭或京巴。

些狗的人来说，说说这后一个话题可能有好处。作为一种人工培育的产物，如果缺乏合适的照料，它们很可能还原为原先的野种。

大多数在英国的犬种的后背已经过长和过于虚弱。最上等的北京犬短小精悍，虽然有腰，但臀部和后腿发达。所有京叭都有的一个显著特征是那狮子般高贵和虽不能说是傲慢但颇为威严的风度。一位中国行家，隶属于公使馆的汪昀（音译）先生，不久前就宣称良种京叭应为头大、胸宽、耳长、颈短、眼突、腿矮，而且两条前腿应弯曲以成环形，尾巴翘卷且直竖不偏，鼻子也应上翘。他认为最佳毛色为黄白和黑白，其次为全黑或全黄，后者中国人称之为金毛狮子狗。再次是红色和类似狐或狼的毛色。若狗的头顶恰好有一块小小的白色圆形斑点，中国人称之为"玉顶"，是品级高的标志。若狗的四蹄为白色，则称之为"踏雪"。

普伦德加斯特上校有幸从北京皇宫里带出一条狗，其品种之优秀在英国前所未见。他的狗在英国有限的几次展览中均得到过特别褒奖。这种金毛狮子狗普遍具有这样一些特征："中国王子秦①可以简单描述为毛色浅黄，鼻极短而扁平（这是最重要的一点），眼睛呈黑色，非常大，且突出，眼镜状斑纹很深，毛厚，鬃毛长垂及地，身短，腿矮而结实，且弯曲，重12磅。"他还在《爱犬画报》（*Illustrated Kennel News*）上写道："1900年在紫禁城里发现有包括深红色在内的其他颜色的哈巴狗。但在中国人眼里，它们与黄色或浅褐色的'金毛'狮子狗相比毫无价值。"

---

① 原文为 Chungkwo Prince Ching，应是给这条狗起的名字。

⊙ 得过冠军的北京犬

道格拉斯·默里先生 1896 年曾直接从宫中获得过一对京叭。他写道："真正的京叭不难辨认……它们一定腿短而稍曲，身材小巧但有腰，眼大额宽，耳朵直立，尾巴像松鼠一样翘到背上。"与形体相比较，他并不强调毛色的重要。但似乎毫无疑问的是，比起黑色，中国人近年来更喜欢肉桂色，那也是慈禧太后的专宠。这种狗的毛色最接近中国的明黄色，它们脸上的眼镜状斑纹和其他特殊的斑纹在这种颜色衬托之下极为醒目。值得一提的是，眼镜代表知识和教养，因此在中国成为品级的标志。

据说宫中每条狗都分派有一个宫女伺候它，按摩它的鼻子，以期达到所要求的扁平度。中国人实现此目标的另一种方法是在墙上挂一片肉干，狗一次次跳起，想咬下它来，但总是白费力气。在这个过程中，它却成功地把鼻子给蹭平了，眼睛也因为急切和不断增长的欲望而越来越突出。

可能是因为几个世纪以来一直被限制在室内或小庭院里，这些小狗已经失去了远视的能力，眼睛也变得越来越突出。而那些在英国出生、给带到户外遛的京叭，似乎能看得更远一些。比起从北京皇宫中带出的狗，它们的眼睛也要小得多，没那么突出，毫无疑问不如前者的明亮。如果像对待普通狗一样对待它们，这个品种恐怕会逐渐失去经过长时间豢养和隔绝所培育出来的许多独有的特征。

有一个特征在以上的引述中没有提到，即头部在两耳之间应呈扁平状。在英国展出的好几条京叭头都是圆的，这在中国被当作一大瑕疵。中国的京叭头形更类似于猫头。它们那丝绸般的长毛和近似毛皮的绒毛层也少有人提及。这些描述还忽略了京叭的最大魅力，那就是，通过与人类持久的亲密相处，它们已变得非常通人性，达情理。它们的表达相当清楚，并且容易辨别。高兴时它会发出温柔的咕咕声，同时拍打着柔软的小爪子，又大又亮的双眼看着你，表情丰富多变，有效地弥补了任何语言的缺陷。京叭总是很勇敢，甚至可以说是近乎蛮勇，又温柔多情，虽然没人理时它经常看起来一副忧伤落寞的样子，但是一对它说话，它必然会高兴起来。

据樊国梁主教说，最早的一对京叭是在公元 624 年献给皇帝的。它们来自君士坦丁堡，非常聪明，能在马背上咬住缰绳，或用嘴衔火炬。但是其他权威人士称它们源自西藏，那里除了有英国人所熟知的西藏哈巴狗（Tibetan spaniel）以外，还有一种小型犬，专养在喇嘛庙里，毛皮为黑色带银条纹，据称已有4000 年的历史了。如果属实，这些狗恐怕就是日本宠物犬和京叭的祖先了。如果西藏是北京猕的发源地的话，君士坦丁堡可能就是北京巴哥犬的原籍了。这两个品种差别很大。两种都有个体微小的袖笼犬品种。

我们自己有过一条我所见过的最漂亮的袖笼犬。它常常坐在书桌的一个小抽屉里看我丈夫写作。它到死之前的体形都是如此之小，可以方便地把它放在大衣口袋里。但是一放到地上，它就抖擞起真正的狮子狗的架势，毫不畏惧地向极为强壮的獒犬或猎犬挑战。这些大狗能一口就把它吞了，但总是很尊重这小家伙和它的勇气。

在遍及中国各地的寺庙大门外，总能见到由汉白玉、石头或是木头雕刻的带笑的狮子狗，一般称之为狮子。中国画中的狮子其实都是狮子狗，瓷的和玉雕的也都是。那些灌木或矮松树篱修剪成的有趣的怪物，肯定也是北京狮子狗。它们摇着长毛尾巴，通常都满脸堆笑，有时也吐舌头或作凶狠状。显而易见，这种小动物一定曾被赋予过比它们现在还要高得多的价值，所以才能给这个国家的艺术和建筑留下这样的印记。不管怎样，我们现在如此宠爱的这些狗完全可以看作是北京特产，它们没法在自然中求生，因为习惯了人类的陪伴和照料，一旦放生，就会郁郁而终。不得不佩服培育了这样一种宠物的民族。虽然这些小动物的身材和外貌确实有点像玳瑁獚①——我过去总认为它们是被放在中国的气候条件下、接受了中国式训练的玳瑁獚——但在温顺可爱方面，它们总体上要优于我们的英国品种。它们有点像中国人自己，非常可信赖，也固守成规。无论是狗还是人，这后一点可能源于他们那高度发达的判断力，导致他们自认为在聪明才智上要高人一等。

　　另一种北京特产是金鱼。它们有金有银，尾鳍分成两片或三片，眼睛都是凸的。在天坛北墙后面的稻田里，有许多池塘培育金鱼。那里还有大约 50 口满是金鱼的大缸，供观赏，也有些供出售。那里的人们表示对金鱼的原产地毫不知情，只肯说"是在北京养的"，不透露任何行业机密。他们似乎花很长时间观察这些鱼，然后把某几条从一个缸里移到另一个，由此可知是在做选育配种。去看这些鱼缸，观赏里面的鱼，特别是小鱼儿，是非常有趣的一件事。但是，它们是如何被培育成有这么

① King Charles Spaniel，一种黑、褐杂色小獚犬，因英王查理二世豢养作珍玩而得名。

多片尾鳍、眼睛在头上高高凸起的样子，仍然是个谜。中国人通常看起来对育种并不在意，却又如何取得这么高的成就呢？金鱼那斑斓的色彩和奇特的体形，使它们成为可以放在桌上的摆设和宠物，也随带发展起了一个很不错的行业。

虽然北京本地并没有独特的鸟类品种，色彩绚丽的画眉在这里非常受欢迎。就像在外地一样，北京人也有各种各样好玩的逗鸟把戏。看到用一根细线穿过一只可爱的小鸟的胸骨，把它拴在栖木上，英国游客可能会觉得残酷而惊叫起来。但我从来没发现这些小小的鸣鸟比我们英国的唱得差，或是活得短。看到我们既不用漂亮的饰物装饰鸟笼，也不像他们那样提着笼子遛鸟，他们可能反而会惊叹于我们的残酷。遛鸟的时候，他们会在风景优美的地方坐上几个小时，以便让鸟儿欣赏和感受大自然的丰富多彩。

在一次中国宴会上，我面前是一盆漂亮的金鱼供观赏，我耳边则传来挂在邻近一扇窗上的小鸟的迷人歌唱。不一刻，远处有另一只鸟唱了起来，然后一只接一只，直到远近共有 13 只鸟都在鸣唱。不知是用什么方式，鸟鸣声是根据每道菜的不同而变换的。虽然那位眼神忧郁的主人对我的欣赏感到非常满意，却对这是如何做到的不做任何解释。几个外国人想让我相信，因为盛鱼的小盆太逼仄，那些金鱼都快死在我眼前了。但是我绝不相信像他们这样理解动物、长期与动物相处的人会如此愚蠢和残酷。

在中国西部，那些可爱的小马驹经常和马夫睡在一起，还会从后者的衣服前襟里取食。英国人在夏天把他们最喜爱的赛马放到野地里吃草，又把马鬃和马尾剪得如此之短，以至于它们都无法赶走苍蝇和小虫。这些可怜的动物因主人的疏于观察而被这种痛苦折磨得几近发狂。我最近见到一匹纯种赛马，满场追逐它的主人，几乎是在哀鸣似的想求得主人的怜悯，美丽的眼睛里满是眼泪。我不得不飞也似的逃离了这个场景。这些连他们最宠爱的马都不善待的人们，竟然还指责中国人残酷。难道世界上还有比北京的马车夫更善待他的小马的车夫吗？难道不是只有欧洲人才用缰绳驾马，才剥夺了上天赋予它们的用鬃毛和马尾进行自我保护的能力吗？

第六章　西山览胜

6 月 10 日至 19 日

我们当然去西山住过,为此而离开了我家的花园,甚至都不想再回来了。但是,有那么多人已游览过西山,而且熟知那里的美景,我也不敢再写什么了。就引用刻在西山一块花岗岩石碑上乾隆皇帝的诗句吧。丁韪良[①] 博士的译文如下:

我为何登上了这座薄雾萦绕的山峰,
为何要探寻此山洞?
我仿佛步入了一片仙境,
不像是凡人所居之地。

我听到树林中神秘的话语,
看到空中奇异的幻景,
飒飒作响的松林像是活的竖琴,

---

①　William Alexander Parsons Martin（1827—1916）,美国教士,1850 年来华传教,曾任同文馆总教习、京师大学堂（北京大学的前身）总教习。

有神仙的手拂过它们。

俯瞰脚下我的领土，
如地图般展开；
我头顶是座华盖，
点缀着金色的云彩。①

各国公使经常造访的八大处，即八处著名古迹，离城约 10
英里。八处古迹中很难指出哪一处更吸引人。不过，一般人所
熟知的太监寺是初看之下最惹人注目的一处。中国人将它称作
狮子窝②，更好地表明了它的位置。它几乎俯临山下的平原，马
可波罗笔下著名的卢沟桥和颐和园历历在望。但在此处无法见
到后者的全貌，不像玉泉山，在那里可以饱览无遗。庙中的庭
院和平台依颐和园的风格而建，尤其是一段从大约可以称为主
屋的地方直通到一个绝好的观景点的长廊。长廊有檐，屋顶和
屋檐两侧都精心描绘着中国历史和传说故事中的场景。沿路还
有一组房屋，其中一座所在的位置能见到一面镜子中反射的景
象。那镜子占满了一间屋的整面墙壁，但镜框非常有艺术感。
观者会不由自主想到这么一句话——"我为自己的灵魂建造了

---

① 这首诗的英文在丁韪良多种著作中可见，但未注明中文出处。经查，
只有乾隆十三年御制宝珠洞诗差可比拟："极顶何来洞穴深，仙风吹送八琅音。
个中疑有天龙护，时作人间六月霖……"见《钦定日下旧闻考》。

② 余棨昌《故都变迁记略》："狮子窝在秘魔崖北青龙山，上有寺曰福惠
寺，为明之太平院。清同治间，由刘、张、张三内监购而有之，建筑宏丽，旧
日东面有长廊，凡四十八间，后倾圮。"又有一说为光绪间太监刘诚印改建为消
夏别墅，"地当山口，长廊架空，画壁精绝，下瞰玉泉、昆明，如在足底"。

⊙ 西山庭院

一座堂皇的乐园"。此处完全由宫中的太监建造和所有，游览者因此会对太监的灵魂有些许了解吧。

庙的下方一座突出的小丘上有一片巍峨的废墟，那里曾是英国公使馆的避暑官邸或是其一部分。官邸刚建成就遭到拳民的攻击和破坏。直到那时，当时的公使窦纳乐爵士（Sir Claude Macdonald）还对所有警告都充耳不闻。他的孩子、女家庭教师和妻妹差点没有逃出来。当时没有人意识到山对面那座著名的白塔寺——过去的一个重要标志性建筑，其实是由拳民占据。我收藏有该庙的一些账本残页，上面记了好几笔布施，诸如某某给了几元钱、某某给了一匹马驹等。此后，又轮到我们的印度军队受命将它摧毁。这里一定曾庙堂高耸、古树参天，却全都被战争夷为平地，真是令人唏嘘。寺庙位于这个异常宁静的幽谷的入口处，过去几年来，许多公使馆在这里受到过热情接待，躲避酷暑——当然所费不赀。已毁的寺庙现在正被重建成忠心寺（Temple of Loyal Heart）[①]。但是我们一定仍会为那座美丽的白塔惋惜。它曾是这一片景色的高潮，其他所有景点都是铺垫。

对于英国人来说，塔是一种中国才有的古怪东西。中国人在塔上所寄寓的情感让人费解，可能还不如在此引用几句诗为好。据说这是宋朝的杨亿[②]最早写下的：

---

　　① 据描述似为灵光寺，又名重兴寺，因庚子年毁于联军又重修故。当年号称西山八大刹中第一名胜，原有十三层佛塔一座，未重建。

　　② 似为李白的诗《夜宿山寺》："危楼高百尺，手可摘星辰。不敢高声语，恐惊天上人。"

⊙ 西山庭院

登上这高耸的塔顶，

伸手可揽近处的星辰；

我不敢高声说话，

担心惊扰神仙的清静。

　　另一处拳民的据点有更多优美的古代遗迹，多为碑刻和洞窟，只是部分被毁坏。山中寺庙的环境一处比一处更美，奇花异木比比皆是。我从未见过比这更优异的白皮松品种了。它们树冠巨大，躯干和树枝之洁白到了令人吃惊的地步，以至于看起来像是刚被漂白过了似的。在北京的庭院里经常可以看到这种树，但我还从未见过野生的。我们去西山的那一年，美国公使馆据有两座寺庙，比利时公使占了另一座，还有两处遗迹据称仍属于英国公使馆，其他的则为大学教授和中国官吏所占据。它们彼此之间都只隔了半小时路程的距离。在各国的嫉妒心还没发展到现在这么严重之前，这里看来曾是个和睦愉快的社会。然后，"美酒边的神仙们斜躺了下去"，全然不觉身边正在策划的阴谋，直到全中国尽人皆知在这里正在发生什么。各国委任的这些代表们本应以看顾本国利益、严防任何不利事件的发生为职责。现在翻看旧时报纸会发现，除了这些可怜的当局者外，好像人人都知道山雨欲来。

　　在山间徜徉看到的美景简直目不暇接。其迷人之处不仅在于自然风光，还在于其历史蕴藉。然而，最有趣的寺庙可能还不是在这个山谷里，而在距太监寺几个小时的路程之外。顺便

⊙ 通往西山碧云寺的精美牌坊

提一下，后者根本不是一座寺庙，而是一座壮观的别墅。

离京西约 8 英里的碧云寺位于西山脚下。它并不是一处避暑胜地，却是京郊最为优美的寺庙之一。此庙的历史可追溯到 13 世纪元朝的一位显赫大臣，但现在的庙堂实际上是由一个富有的宦官在 16 世纪建成的，又经乾隆皇帝加以整修。人们现在由边门进庙，因而无法总览全景，颇令人扫兴。侧殿里有真人大小的五百罗汉，工艺精美。其他几尊塑像均为佛像，带着当佛教最早从印度传来时佛像惯有的宁静微笑。虽然不像印度的一些佛像，中国的神像从来没有什么猥亵或邪恶之处，但它们已逐渐变得呆板或粗鄙起来。庙中有座十分优雅的庭院，设计成花园的样子。有漂亮的夹竹桃和一株优美的凌霄花。对着庭院而建的几间屋子非常舒适，让我们不觉心动。但已经来不及预订了；一个俄国人刚到，将在这里住一个夏天。庙里还有精美的牌坊，但是这里最著名的是庙后的汉白玉金刚宝座。宝座四面雕满精美的印度佛像，神龛里供有一尊极小的佛，一段台阶通向宝座顶部。上面立着 5 座 13 层宝塔和两座小塔，均带有汉白玉基座，雕琢精美，俯瞰着一片白皮松林。

在那里我遇到了一群赏景的中国男士。照说我们是遥遥千里来到的北京，有意思的是他们竟然都来自我们定居的、偏远的西部省份四川，其中一位是教书先生，一位是翰林院学士。短暂交谈之后，得知他们显然都见过我们的宅邸。我们互生亲切之感，一起俯身欣赏山下葱茏的林木。

我琢磨着接下来是该去约一英里外的卧佛寺的时候了。他

⊙ 通往卧佛寺的道路

们对这个宣告报以微笑，一定是在想，"这些外国人，怎么总是走马观花，从来不给自己足够时间好好欣赏一切！"这让我在离开时颇感羞愧。更糟糕的是，我的驴极为顽劣，简直无法让人骑——事实是根本没法骑它。所以我连离开时想装得高贵点都不行。不过，卧佛寺沿路的风景如此引人入胜，让人很快忘了任何烦恼。

路的两旁古柏参天，阳光穿过树枝，投下对比强烈的光影。这种效果我自小就喜欢。路的尽头是一片美丽的槐树林。林子中央是一座宏伟的牌楼，以汉白玉为框架，镶着黄绿两色的琉璃，熠熠生辉。因为较新，颜色也较鲜亮。因为很大一部分由绿色琉璃组成，比颇具盛名的国子监琉璃牌坊还要漂亮。卧佛为铜像，长 12 英尺，脚边是一组模样各异的巨靴和鞋。那庄严安详的气度让它显得非同寻常。瞻仰它愈久，心境会愈觉安宁。佛像上方有一排精致小巧的头像，看起来像天使的脑袋似的。不过少顷，我的眼睛又不自觉地回到了卧佛身上。虽然这尊卧佛不如相邻寺庙中的一些佛像那么和蔼慈祥，我却为它深深吸引。

印度艺术一定在某个时期对中国有过巨大影响。北京的三座最为精美的塔实际都为印度风格。碧云寺有一座，黄寺（Yellow Temple）① 有一座。黄寺的塔是专为纪念地位仅次于达赖喇嘛的班禅喇嘛② 而修建的。他在一次来京时死于天花。汉白玉塔座八面均雕有喇嘛在天界的生活场景。比如，一头狮子

---

① 此应为西黄寺，其东原有东黄寺。现两座庙宇均已被拆除，仅留此塔。
② 此处指六世班禅，1780 年觐见乾隆后下榻西黄寺，并在此圆寂。塔座八面所雕为佛经故事。

⊙ 由龙雕组成的寺庙屋脊

⊙ 僧人和来自四川的游客

⊙ 碧云寺的汉白玉金刚宝座

⊙ 从汉白玉金刚宝座俯视白皮松林

⊙ 五塔寺

⊙ 卧佛与守护的小佛像

用爪子擦拭眼泪悲悼喇嘛之死。塔的细节可能不像碧云寺的那样印度化，形状却是非常印度式的。

当然，最为壮观的莫过于五塔寺里的宝座塔了①。这座巨大的方形石塔坐落在通向颐和园的风景优美的运河边，它像是上古时期的某种怪兽，从属于一个完全不同于我们的世界。塔高约50英尺，塔身布满了不计其数的佛像和精美的神兽浮雕。这些雕刻过去肯定着过色，但是如今颜色已几乎褪尽，许多彩瓦也掉落在地。它恐怕很快就会变成一堆废墟，如果现在还不算是的话。塔座上有5座11层高的塔和一座优雅的方塔，前面像是一座非常庄重的巨塔的顶部。该寺在大约500年前由明朝皇帝为接待一位印度人而建。他带来鎏金佛像和金刚宝座的模型献给皇帝。后来乾隆皇帝又重修了该寺。但是，唉！1900年列强军队在完全毁坏了相邻的一座庙宇之后，就相继开始了对这座壮观建筑的破坏。两座建筑之间耸立着两棵高大的银杏树，繁茂杂芜的树枝看来会继军队之后完成对它们的破坏。

北京还有许多其他建筑，特别是塔，表现出印度的影响。这些塔的造型让我非常反感，它们不像真正的中国宝塔那样具有轻灵典雅的曲线。我们还是回西山吧。穿过一个看着像是大台基的满族军营就到了。附近有许多皇家苑囿、一座城门、山顶蜿蜒的围墙——我在一处就数到有5座楼阁位于右前方，4座在左前方。我在一个四方的皇家凉亭里小憩片刻。墙无比厚

---

① 该寺在西直门外长河北岸，正名在明代叫真觉寺，乾隆重修后叫大正觉寺。金刚宝座上五塔中四座是十一层，中央塔高十三层，另有一座圆顶方室琉璃罩亭。

重，四面洞开的拱门有风吹来，凉爽宜人。我真希望，就像我以前经常希望的那样，能有某个人告诉我这些东西是做什么用的或是用来纪念什么的。一定有许多中国人能够讲述东西的来历，但是我从来没有遇到过一个。也没有一个在北京的欧洲人能够或者愿意向我讲解那许多我迫切想知道的事情，哪怕其中一件。

就算仅仅是因为仍能在那里见到的独特仪式，还有另一座寺庙值得一提，即戒台寺。它位于马鞍山麓，在著名的马可波罗桥（卢沟桥）西北 12 英里。寺内的戒坛由一位僧人为供奉戒神而建造，被置于一座华美的亭子正中。戒坛由汉白玉石砌成，四周立着历代守戒神僧的雕像。每年春季，附近所有僧侣会聚集在这里，听高僧说戒。一些年轻僧人受此指引开始身体力行严酷的戒律。寺本身并不朴素，皇帝给这里拨过大量款项。从寺内宏伟的平台上，能望到最美的北京城景色。不过，这里没有像白塔寺遗址那样可供在夏季闲步的浪漫场所。那儿林木参天，所有按照最堂皇的风格设计和建造起来的东西都归于了自然。甚至当人们离开庙宇，去荒坡漫步时，也会撞见废墟——不同时代遗留下的废墟。不管走到西山哪里，人们总会不自觉地想起乾隆的诗句：

俯瞰脚下我的疆土，
如地图般展开。

⊙ 碧云寺汉白玉金刚宝塔

　　驻足远眺，凝视着北京及其近郊的景色在眼前徐徐展开，更觉空气清新宜人。俯视这座伟大的都城及其周边的宫殿，也让人倍增孤独之感。每一处崖壁上都有用优美的中国古文字刻下的诗句，弥漫着思古之幽情。

第七章　花园周围

　　我写此书的目的并不是详细描绘一些北京必游之地的寻常景色——自有导游手册做这些——而是希望将那些只要人们留意，就会发现的小景致记录下来。

　　一天，没什么特别的事做，我和一个朋友在我家花园里漫无目的地闲逛，偶然走到了旧书房，这才意识到它的存在。然后，我们打算到外面考察一下，看看是什么人住在我家周围这条街上。从我家平台可以俯瞰到一个漂亮的屋顶，我们以为那里一定有一座庙宇，于是，首先就上路去找它。这并不很容易。我们不知怎么就沿着一条小巷往前走。小巷突然转了个弯，有人轻声——可以说是屏息静气——地告诉我们那是一位刑部官员的府邸。可我们不能刚出门不久就往回撤——这看起来有多傻，而且小巷显然不通向别处——于是我冒失地问大人是否在府内，心里非常确信他不会在。果然除了一位年老的女眷别无他人。我们征得她的许可，去观看那棵经常让我们在花园里赞叹不绝、现在发现在这儿种着的参天大树。就像中国的许多庭院那样，只有穿过厨房才能进到院子。人们称厨师为"大师傅"，并不认为路过厨房、看厨师干活是件有损尊严或不合身份的事。不过这次，院里除了这棵树别无他物——没有花园；跟那位看起来厌烦至极的老妪打了招呼之后，我们折返继续探路。

这次我们找到一座庙宇，在它后面又发现另一座。一座异常整洁，而另一座则显然长期不做寺庙之用了。庙里有一个雕工精美的小神龛，起初我们两人同时想把它买下做柜子，谦让一番后，发现其实都不是真想要。侧面有一座宅子，我们还没进去，就感觉有可疑之处。里面有某个巨大古钟的残存物，只是残存物，修复它要花相当多的经费。一见到它，"赃物"这词就立刻到了我们嘴边。这个古董巨钟一定有段历史，真希望有人将它作为一件真正的文物加以修复，我们自觉力不从心。

我们又逛了另外几个平常一定禁止入内的地方，发现所到之处人们都很和气。一位女士有只极好看的鸟，人人都乐于让我们见见它，女主人也是。渐渐地，整个街坊似乎都参加到这件乐事中来了。他们要我们一定到我家大门对面的那座宅邸里面看看。它看起来并不吸引人，所以我一点都不想去。但是某个与那个巨钟所在的宅邸有点联系的人，取来一把钥匙，非常礼貌地引我们进去。一进门我们即右转，就像人们进入一个中国大门时经常要做的那样。如此安排是为了让好人进入的同时，也将恶鬼挡在门外。正对着我们的一间屋子里满是年轻男子和少年，正在绷架上认真刺绣。花样是人们所熟知的，但那绚丽的色彩立刻将我打动了。有这么一个工场就在对门是多方便啊！如果我在北京真的要绣什么东西，会很乐意让它们在不会被苯胺染料刺激眼睛的地方完成。一间间屋子看下去。显然，

⊙ 天坛：将被置于殿内的神龛

⊙ 天坛：皇家祭祀用的幄帐

年轻学徒们和所有工匠都睡在这座宅子里——实际上食宿都在做工的那间屋子里。绷架之间连转身的余地都没有。在如此不便的环境下，他们是如何绣出有着如此细致色彩变化的精美绣品来的，真是让人费解。如果是我们，先得要求比这大得多、干净得多的空间，才能开始拿起丝线绣这些蝴蝶。但是我没有赞叹。根据慈善组织社团的基本标准，我相信这些人的待遇极低，我偶然进入的是一座血汗工场。我只希望赶快离开而不要显得太鲁莽。在听了他们关于工资问题的回答之后，我确信他们把我当作轻信的外国人。他们报的日工资在中国很高，太高了。

几天之后我才知道这是一间皇家内务府的绣坊，只雇用熟练工匠——每个人都按日付工资，这样他们就没有理由不尽全力——而且制作的所有绣品专供皇家使用，我是没有份的。回想起来，绣品的色彩确实非比寻常！我们继续逛着，不经意地来到一间专营著名的北京景泰蓝的名店。所有货品均在店里制作，烧坯时火焰的颜色灿烂夺目。尽管很欣赏传统的北京景泰蓝，但我觉得它色彩单调，毫无现代感。

北京的大集市离我家花园约有 10 分钟的路程。它的特色之一就是品种多样，鱼龙混杂。如果愿意的话，你可以花一便士的几百分之一，买到极为昂贵的古董——比如一般要卖 20 英镑左右的鼻烟壶，或者花一先令买到一件初看之下和真货一样漂亮甚至更别致的物件。不过，那里出售的玩具、盆花和小北京巴哥犬才是最吸引人的。我想挨个把所有狗都买下。它们冲我瞪大了双眼，似乎很想让我当主人。如果不是日本玩具现在略胜一筹的话，中国玩具也是世界上最好玩的。我去的这个集市设在一个风景如画的寺庙的庭院里，庙堂已不作拜佛用。天气炎热，尘土飞扬，让人无法尽兴。

北京如今也是个极其混杂的地方。下面是另外一些回忆。驾车载我去通州的马车夫看起来是个非常体面的人。我指着马车经过的一处废墟，问他那是谁干的，只想看看他会怎么说。他只告诉我那座建筑原来是什么。"你的家人中有没有被杀害的？"我问道。当我因某事心神震荡时，我总是无法记住确切的细节。在印象中，他答了"全部"。答话时，他的神态突然变得伤心至极，眼泪顺着脸颊滚了下来。

不过，我偶遇的最传奇的故事是关于一位相貌堂堂的男子的，他被推荐来帮我散发反对缠足的呼吁书①。拳民曾割开他的喉咙，以为他死了，就把他丢在了街上。他的母亲和兄弟找到了他，抬回家。正在康复之时，他们听说拳民又要来了。知道家人和他一样没有能力抵抗拳民，他想说服他们舍弃他。因为他们都不是基督徒，拳民应该不会伤害他们；而他，既然已经选择成为一名基督徒，就必须接受他的宿命。最后，家人决定让他服毒。他服了三次，都不管用。这时拳民进来，把他喉咙的伤再次撕开。但他没死。于是他们另想办法杀他，在自以为达到目的以后，又把他扔在了街头。苏醒之后——此人似乎像猫那样有许多条命——他竭力爬出大门，在那儿躺着，据他说，极度虔诚地祈祷着。正在此时，有联军士兵走来。一位美国士兵看见了他。这个可怜的家伙说了他知道的唯一一个英文单词，

---

① 一般认为，本书作者是中国妇女天足会的发起人和组织者。

⊙ 皇帝离去后的天坛、放香烛的石几和遗留在地上的祭牲的角与头

"拳民！"士兵努力把他扶起来，一路帮着他，最终把他交到友人中间。

这个故事听起来让人难以置信，除了一点：如果是编造的话，他肯定会说是"英国士兵"，因为那位告诉我此事的女士是个英国人。她比任何其他人都熟悉北京和当地人，并且认识他很长时间了。她曾帮他找到一个小官职，但他放弃了，因为发现难以避免要被捜去做有悖于良心的事。他希望从此更专注地投身于慈善事业。人们仍然能看见他的伤疤和痛楚，但是他脸上的表情总让我为不能跟他多谈谈和不知怎么的在我们离开时没再见到他而感到遗憾。那是一张俊丽的脸，总让我回想起那些我在基督教公益会（Society of Friends）的聚会上所见过的脸来。

人们听到这样的故事时，会很容易将其完全归功于基督教的救治力量。我并没有任何贬低这些的意思，但是，伟大的中国人民并没有丧失他们的道德准则，了解这点非常重要，所以，我在此引用中国宋朝一位铁匠的出色的诗句——

叮当！铁锤不停迅速地落下，
直到铁最后变成了钢！
让漫长的安息日从现在开始吧，
永恒的乐土在召唤我！

一天清晨，我们按计划很早就起了床，出发去看天坛。皇帝刚离开此地。他在那里祭祀后，已经回宫。不过，还能看见不少他的随从。我们的人力车被堵在拥挤的人群里，见缝插针，

⊙ 天坛：收藏神牌底座的箱子和竖神牌的宝座

努力沿着那条通向天坛的宽阔大道往前挤。到达之后，我们又不得不稍等一会儿，因为有点事需要打点一下。

人们说最好总是知道真相，我却以为未必如此。天坛对我来说一直是个特别神圣的地方。世界上没有其他任何一个地方，仍然在同一个地点、用同一种方式举行这么古老的祭拜仪式：皇帝，即天子，在拂晓时来到一个荒僻的地方，为自己和他的臣民的罪过举行祭祀。纯洁的汉白玉加上祭坛不设顶、只以天空为盖的奇妙构想，这一切听起来是多么美妙啊！如今我的幻想已被现实打破。不过，不管怎样，我们该允许人性之弱点存在于任何事物吧——没有一个人是绝对完美的。

在大祭坛下的余烟缭绕中，我们踏着为皇帝所铺的棕毡、而不是平常的华美的汉白玉台阶，走到圜丘顶端。坛顶今天支起了被称为帷帐的东西——其实看起来就像遮阳棚。我好不容易才知道它们是天青色，即天空的颜色，因为这是天坛；但实际上那是一种极其明亮的蓝色，让人想起蜡烛包或洗涤液①。坛顶有 5 个汉白玉石几，一个放香，两个放蜡烛，另两个摆花。正中为天帝神牌②设了一个宝座，上有两个方形黑靠垫，由 8 把气派的椅子围绕在周围。旁边一只精美的箱子里是才被放回去的用来插祖先神牌的底座，包着黄漆。椅子边的汉白玉地面上放着两个牺牲的脑袋。单是想象将这些祭祀物抬到祭坛上就让人觉得可怕。我从来就不喜欢以牺牲祭祀，直到最近我还认为

---

①　在没有漂白剂之前，洗涤液中加入一点蓝色可起到增白作用。
②　据《清光绪会典事例》，宝座正中供天帝神牌，祖宗神牌居配位，在东西两侧。

⊙ 1900 年被烧过的九龙壁

古代中国人在宗教方面较为文明，不像古犹太人那么嗜杀。现在看来并非如此。我们继续去游览神厨，那里有4个用来盛牛肉汤的巨盆。我们见到了祈年殿里那美丽的汉白玉桥和廊柱——当然是从外面。斋宫的门已经封了起来，可能祈年殿也已封了，虽然那时我颇引以为憾。

这同样也是一个是否凡事都要知道得一清二楚的问题。中国人毫无疑问持否定态度，所有皇帝用过的建筑必须保持他离开时的原样。"也不清理一下吗？"英国家庭主妇会本能地问。这也是我苦苦思考的问题。在今天这样的情况下，当然似乎没有多少时间来清理，也看不到任何清理过的痕迹。一定有某些东西最好不让人看见。

我想在此处适合加上几句提醒的话语。我在本书中描绘的仅仅是我喜好之事物，对于那些确实有兴趣的人来说，北京处处是美景。在春天里，没有比这里更适合游玩的了。我的上两次北京之游碰巧都安排在春天。对于那些不确定是否对中国感兴趣的人来说，让他们阅读一些关于北京的书，而不是直接去那里，会不会更好呢？作为本章的结论，这可能是个奇怪的提醒。

让我们漫步在城墙上，从高处俯瞰北京的美景吧！让我们站在鼓楼的回廊上，任凭燕子绕着我们轻盈地飞翔。哦！对那些喜欢北京的人来说，她绝对是一个让人流连并会日渐深爱的地方！

第八章　海滨胜地

7月和8月

　　花园里花树尽放，恰如其分地弥补了我们原先以为的我家花园的唯一缺憾，但是空气让人感觉沉闷。出门去那些污秽的北京街巷走动恐怕得不偿失。人们老在谈论海滨的种种乐趣，新铁路使这些地方很容易到达。唯一的难题是决定去哪一处。

　　因为山海关的历史蕴藉，我们最后决定去那里。路程很长，我们花了一天时间才到，但总的来说令人愉快。有河自热河而下，从深谷中一转身冲泻而出。在一座孤零零、有城堡高踞其上的要塞小城这儿，与铁路线交叉而过。而铁路则沿着群山之根延伸开去。这一列山峦本就是中国的一道天然防御屏障，然而始皇帝认为有必要加强它。大约两千年前他想出了一个伟大的主意。成千上万的人在他的命令下攀山越岭，建造起一座宏伟的长城，意在将草原的游牧部落永远阻挡在肥美的牧草和皇帝诱人的财富之外。为使无人质疑他的权威，他下令焚烧所有书籍，目的是给文人——中国最有力量的一个群体——以致命的打击。但是书籍仍留存于人们的记忆之中，并被重写出来。

而始皇帝的后代们此后所接受的教育也都源于这些书中的理念。如今，那些白衣白帽、魁梧的古代游牧部落的后代，今天的布里亚特哥萨克人，就在长城上扎营，踏着庄稼操练，在夜晚吟唱柔美悲伤的曲调。

东到营口、西至天津的所有火车都会在山海关停下过夜。这样，长城的现状自然给所有乘客留下了深刻印象，因为火车难道不是正好穿墙而过的吗？我们在那里时，一位中国卫兵仍会走出来对着来往的火车敬礼，仍然可见小队中国人进行西式操练，而且练得不错。但是显眼的仍是外国占领之下的外国军营和堡垒。

在中国前线，
六国的卫兵站立着
肩并肩地，
保卫着世界和平。

尽管英国军官们表现出巨大的忍耐和自制，我们还是经常觉得，还不如说他们是在威胁世界和平更恰当。至于驻扎在满洲里边境上的六国士兵，马修·阿诺德①写道，他们就跟在布哈拉②时一样挤成一团，没法更加亲密了。

一位英国海军候补少尉为英国夺取的天下第一关（Fort One，山海关），起先由多国军队占领，据说印度和俄国士兵脚

① Mathew Arnold（1822—1888），英国诗人，媒体批评家。
② 乌兹别克西部一地区或城市。

抵着脚睡觉，两侧则是他们各自的军官，可知军营之窄小。山海关雄踞于一座小山之上，是长城至海的终点。树干呈白色的杨树林中蜿蜒流淌着一道道清澈的溪流，林中点缀着风景如画的古寺。德国人将它们改作军官驻地和疗养站，都可以从铁路经一条旧路到达。一位中国将军在几年前沿此路种了一排树。当涨潮阻住溪流、落日映照水面、林木隐现其间时，那丰富的色彩变幻让人将此地疑为仙境。国际俱乐部坐落在葱郁的树林中间，从那里四望，满目皆景：近前是一片水域，景色倒映其中，远处绵延的青山在这里分外近人。俱乐部身挂六国国旗和一面由六国国旗图案组成的特别大的旗帜，加上每晚都要举行一场盛装舞会，仿佛永不会中止似的，使它看上去热闹非凡。但是，长城两千多年来一直是山海关的最大名胜。几年之前，它还完好无损，敌楼和烽火台俱在，一路绵延而东，直到大海。然而六国士兵竟把它当成天赐的建筑材料场，近海的这一段如今已几成废墟。

　　这座中国城呈长方形，东城墙即为长城之一部分。当我们沿着城墙漫步、观察石基和巨砖的饰面时，一个中国人走上前来，谈起长城以往的辉煌。他引我们观看抹了缝的灰泥，说如今已造不出同样的来了。要是我记得不错，他还吹嘘它对眼病有特效。这似乎是陈年灰泥被赋予的最为古怪的一种功用了。他当然建议要把灰泥和水混合后再抹在伤口上。

　　北面山上有座道观。长城从一座山峰急跃至另一座，然后在那里突然转弯，消失在视野中。山后有一条河曲曲弯弯绕着山脚流过，两岸壁立的山峰以及长城和更远的锯齿形的青山，像一个巨大的天然屏障围住了这片广阔的山谷，叫人叹为观止。置身此情此景之中，耳边响起"山之声"：

我见群山耸立
宁静，幽雅，庄严，
举目远眺原野
朝日的金光染上
远处的圆顶塔尖，
我听到低沉的呼唤：
"上升吧，上升，
从低地和泥沼中，
从缭乱的俗世欲望中，
从徒然的金钱追求中，
从自我的陶醉中，
上升吧，上升。"

这里空气清新，野花遍地，道士谦和，夜晚的宿处比西山许多地方都好。我们原本希望留在这里，借用一个中国成语来说，以求"澄心静涤虑"。但是这么做的话，在许多方面我们都要压抑自己的欲望。少一些享乐，生活是否真会变得不太舒服是个值得讨论的重要问题。但是突然一下子放弃长期以来已经习惯的享乐，也会不利于尽情欣赏美景。于是，为了被褥、衣装之类的东西，我们放弃了道观以及那里的许多名胜古迹，更不用说那清新的空气和纯净的泉水了。

⊙ 山海关：山海关国际俱乐部前的风景

那里四周都是被毁坏的建在高处的瞭望台、庙宇和石窟佛堂。根据马可波罗的描述，伟大的忽必烈汗本人曾从大都（北京的旧称）到过这里，"带着一万名鹰奴和约五百头矛隼，还有大量游隼、猎隼和其他品种的鹰及捕捉水鸟的苍鹰。大汗坐的是安在四头大象背上的精美木制包厢，内铺金箔，外包狮皮——因为患有痛风病，他出行时总是如此。他总在身边留有十二头最上等的矛隼，由边上骑马的几个王爷照料。有时，正在途中，大汗从包厢里同外面的王爷们谈话，其中的一位突然大叫道：'大汗！有苍鹭！'于是大汗立刻让人打开包厢顶，在确认了苍鹭的位置后，便挑一头矛隼放开。搏斗往往就在他的视野可及范围之内展开，以便他坐在包厢里或是躺在床上就能欣赏到这种最惊心动魄的游戏和消遣。一旁的所有王爷也享受到同样的乐趣。所以我有理由相信，在这世界上从未有过，将来也不会有，像他那样会享受这种游戏，或能有如此罕见机会的人。"

由此可见，根据玉尔上校 ① 为我们修订的这位可爱的威尼斯人的描绘，忽必烈也有自己的享乐。从道路的现状不难想见它们当年的模样，真不知道他是如何叫他的大队人马行进的。

从山海关的海岸望去，远处秦皇岛那平整的金色沙滩并不很诱人，但是我们想亲眼见见中国北部唯一的一个相对不冻、全年开放的港口，潮水奔涌过港口，使冰无法积聚。我们坐早班火车去下一个车站——汤河。只有在中国住过多年的人才会意识到这是多么难得的方便。就在那儿，在一条铁路的小

---

① Sir Henry Yule（1820—1889），英国学者，除整理翻译《马可波罗游记》外，另著有《古代中国见闻录》。

⊙ 山海关：衔海的长城

小岔道边，我们看见了由从海岬伸出的防波堤围成的一个人工港。一座避风港也正在建造中。这个浅湾构成了一个安全的全天候锚地。海湾正在被疏浚，吃水 18 英尺深的轮船已经能够在未完工的码头边装卸了。码头下面修了一条铁路，以便将货柜运到轮船的起重机下。唐山煤矿公司（Tong-shan Mining Company）①因而能将采自距此 70 英里远的内陆煤矿的优质煤出口。流经天津的白河从 12 月到来年 3 月都冰封着，无法通行，所以，秦皇岛是冬季天津和北京的唯一海路交通口岸。不仅是这两个城市，蒙古的所有边远地区和陕西和山西两个要省的对外贸易都经由天津。对于相关人士来说，这非常重要，也表明秦皇岛应该是个很有发展前景的地方。但实际上港口还未完工，几乎还算不上开工。

我们在那里度过了一个愉快的夏天，当时所见到的最为生动有趣的一件事，又是金色沙滩上竖立着的各种欧洲国旗，以滑稽歌剧的方式，毫无根据地宣布自己对这片沙地的所有权。人们期望通过全世界各个贸易国家的努力，有一天能把这里建成一座规模宏大的贸易中心，在地价上同上海匹敌。我们见到三个哨兵，分别是德国人、日本人和印度人，都盯着一个显然是公有的水壶中的开水，我们听到策划令人作呕的勾当的密谈，表明这一切都可以用作吉伯特和沙利文②的轻喜剧的素材，只

①　从描述看，似为今开滦煤矿。1876 年李鸿章官督商办，名开平煤矿。1900 年义和团运动时，改为中外合办的开平矿务有限公司，受英商控制。

②　William S. Gilbert（1836—1911）和 Arthur S. Sullivan（1842—1900），分别为英国作家和音乐家。自 1871 至 1896 年，两人合作了 14 出轻歌剧，风靡一时。

是人物和枪炮都是真的，恶棍不是在演戏，而是真的在作恶，受害者同样是真实的，而舞台效果就发生在背景中。

那么，我们还是逃入暖洋洋的大海，在浪花中尽情嬉戏吧。

从山海关背后的山上，很容易就望到风景足可与这里相匹敌的北戴河。一个狭窄的岬角直插入海——我们被告知，那是鹰角石——于是海湾朝西弯曲，海岸从远处看去像是鼹鼠丘的矮小土丘，上面有几个巨大的凸起物，可能是房屋，也可能是废墟。因为在众多海滨浴场中，只有北戴河是始建于一整片废墟之上的。

为什么热情的绅士们去了又来，乐此不疲，而且言之凿凿地宣称，那里的空气最清新宜人，海水浴最振奋精神？是什么东西令那些新月形的海湾在空气和水质上不同于秦皇岛或山海关？于是，当来回穿行在越长越高的草丛中时，我们没来由地将其归结为惰性与进取精神相抗争的结果。进取似乎已经成了我们某些人的第二天性，甚至到了舍弃床和行李的地步，而且一点也不为失去的时间而遗憾，因为北戴河有些东西令人远离遗憾，易于满足。傍着海浪，就着清新的空气，破盘素餐竟胜过中国任何一处饭店的盛宴。

当然，北戴河与山海关的不同之处首先在于，一处确实是在海边，而另一处却距海有 3 英里远，需穿过差不多是平原的乡村。那里的田地按中国方式施了大量粪肥，居住着中国人，我们去时还有六国的军队。但是，世界上有许多地方是在海边的呀。北戴河的特别之处似乎在于，它的海湾、山丘和建筑等，构成了一个除北面外三面环海的岬角，所以，从各个方向吹来的海风几乎都不受阻挡。另一个可贵之处是附近没有农田，除几丛高耸的老杉树之外甚至连树都没有。中国人住在山后，不是太近。所以，你马上就得到了舍伍德·福雷斯特团队 [①] 的士兵们渴望在北京获得的东西。"我们会非常喜欢这里的，"他们的话让我觉得好笑，"要是没有中国人的话。"

孩子们的稚气行为充分表明了这是个怎样的地方。在我看来，身后留下的是一群很可能是全中国最爱发牢骚的孩子。他们整天，还经常在晚上，一个劲地抱怨母亲没有想办法把他们带到海边去。这些可怜的小家伙整天都被关在旅馆里，最后只能在旅馆的庭院里跟保姆玩——多么糟糕的玩伴啊！庭院平坦无比，围有高墙，透不进一丝新鲜空气。真想知道是从何时起，英国母亲们既不再与她们的孩子玩耍，也不带他们出去。在英国，她们还这么做吗？

在北戴河，看到那些脸蛋粉扑扑的孩子们，让人觉得每天都新鲜有趣。他们的卷发或紧紧贴在头上，或像在英国那样，柔软漂亮的卷儿垂着，这比那快乐的笑容更明白地显现出他们有多么健康的身体和高昂的兴致——当然没有比头发更好的标志了。他们从山腰或缓坡上蹦蹦跳跳地下来，光脚丫插在草凉鞋里，头戴北戴河那种古怪的红绿相间的锥形帽子，身穿小泳衣。连成年人也这么干。不过有不少美国人按照本国的时尚，穿着黑色长裤。因而有一个海湾得了一个让美国人听来特别刺耳的名字——黑腿湾。

[①] 英国著名的陆军部队，其历史可追溯到 1694 年。

在英国，海水浴的缺点之一是水太凉。大多数人在水里无法待到足够长的时间来享受它。一位布莱顿[1]的医生甚至告诉我，他认为每年因海水浴受伤害的人要多过从中得到任何好处的人。但是在北戴河，虽然入水时感觉有点凉意，但日光是如此明亮温暖，以至于许多人每天都洗两次，而且只要时间允许，都是能流连多久就多久。叫人赞叹的是，有人甚至在早餐前就下海。

此地本身并不很美。群山比山海关的更为遥远，没有林荫道，没有树干皆白的杨树林让人在其中漫步。但是，坐在崖顶一个宽大的回廊上，俯瞰无边无际的蓝色大海，或者视线越过月牙形的海湾，眺望远方那绵延不断的青山，那一定总是很美的。迄今为止，这里的规划是每一座建筑都应有自己的海景。当人们走到东山上，一片宁静、广阔、梦幻般的奇异景象便在眼前展开，并长久萦绕在心中，美得几乎让人窒息。有人可能会将它与托基[2]的沃尔德伦山的景色相比较，虽然那里的风景也很可爱，但相形之下就只是一个侏儒了。观赏那不勒斯湾的美景总会是一种难得的乐趣，但这里的景色要壮观得多，就像中国比意大利辽阔一样。是它的浩瀚首先将观者打动，然后是那美妙的、浓淡变化似乎永无止境的蓝色。逐渐地，人们才欣赏到它那无穷的细节。

山海关背后，崇山峻岭溶入更为高耸的群山中，它们在这里看更为明显，屏障般的山峦婀娜多姿，过了北戴河一直绵延西去。一位绅士曾告诉我他从那里开始数散落在长城上的烽火

---

[1] 英格兰东南部城市，紧邻英吉利海峡。
[2] Torquay，英格兰西南部海滨地区。

台有多少，我忘了确切数字，但知道达 30 余座。我们第一次见到长城的那天，它笼罩在蓝色的薄雾中，整体可能更美了，但细节也模糊了。我们数烽火台数累了，眼睛追随着蜿蜒起伏的长城，完全沉醉于它的美丽。当然，常有人去的或较为重要的部分，一定从一开始就经常得到修整。虽然如此，中国人所谓的"万里长城"，即至少 3000 英里，据说花了 10 年才建成，而且建得如此坚固，历经两千多年而城墙依旧，这是多么不可思议啊！在那个时代该有多少人参与其事啊！他们的组织又该是多么的完善！计划又是多么周密！

北戴河有一个特征，也许可以算作美景上的一点瑕疵。虽然随着时光流逝，如果允许保留下来的话，其历史价值一定会增加。毋庸置疑，这在海滨胜地中是独一无二的——那就是，废墟。带有宽大回廊的别墅成了异常巨大的废墟。它们遍地矗立，遍体窟窿，裂开的墙体插入天空，叫人回想起 1900 年那些可怕的日子。其时清廷诏令歼灭外国人，如果他们试图退到海边，则将其就地歼灭。他们那些建在北戴河海滨的幽雅别墅，也在原地被毁。当时的英国公使窦纳乐爵士的别墅废墟看起来非常庞大，突兀地立在离东山两英里的地方。路的尽头是俄国大修道院院长的住宅和礼拜堂，它们完全俯临大海，可能是为了便于他给经过的军舰上的士兵做忏悔和赎罪。在有很多传教士聚居的鹰角石上，外围几乎都是重建的名副其实的华屋，然而在 1903 年，其中仍然夹杂着一处处的废墟。它们在月光下一定非常醒目，如果再悬些爬山虎或常春藤，就会构成一道亮丽的风景。

但是，大地能逃过劫难而留存记忆吗？记忆现在肯定已经消亡，被各种外交使团、午餐小聚、隔三差五的小礼物和女士们关于缠足或束胸之残酷的悄悄话给抹去了。我们这些喜爱与久远——甚或只是 3 年之前——的过去相关联的历史遗迹的人，不会轻易遗忘过去，仍然希望北戴河能长期保留作为世界上唯一一个有废墟的水城的特色，让一代代欢笑着的、雄心勃勃、毫不畏惧地去开拓伟大事业的男孩和女孩们，还能在这里看到此地的旧貌和现状的物证。

那年的年度儿童野餐会在日落石（Sunset Rocks）上一片极为挺拔的杉树林下举行。在 80 个左右兴高采烈的孩子当中，有几个玩耍着的幼童脸上仍留有经历过的磨难的疤痕和阴影，让人回想起许许多多死去的孩子。太原府衙门那 26 个一起被砍了头的孩子，他们没有哭一声，是多么的勇敢！正如旁观的中国人所描述的："只有很小的孩子用手遮住了脸。"又如那个在保定府为救母亲而大声哭叫的小女孩，或其他许多被丢弃在路边饿死的孩子们。宛如 1900 年的幽灵，一些孩子的脸在其他孩子的笑脸和跳动的头发中夺目而出。至少在他们的有生之年，难道不应该在北戴河留下一些遗迹，"以免我们忘记——以免我们忘记"？令人奇怪的是居然有人已经忘记。如果不是汉族人的大多数及所有的中国总督，站在了我们一边；如果不是众人，中国仆人、皈依者和信徒，表现出其他民族无可匹敌的忠诚和勇气，十字架就会立在许多正在波浪中嬉戏的人的安息地前了。当然，不必亲身经历那些苦难还是胜于不留下回忆、不吸取与所忍受的磨难相当的教训。在我看来，教训之一是，在伟大而沉默的中国人民中——他们绝不自吹自擂，但绝对坚定不屈——蕴藏着无比巨大的忠诚和勇敢。

我觉得对北戴河的描写还有失公允。我在欧洲没有见过一处海滨胜地像这里一样，海滨和乡村和谐共处。在这里逗留的每一天都会发现新的美，见到新的诱人景致。从外往里看，它本身可能并无可观之处；但是从里往外看，再没有比这里更好的观景地了。有近在眼前的小山可以散步，而作为背景的众山上的各处景致，相距一天路程，也绝对美妙，其壮丽可谓举世无双。

第九章　温泉明陵

9 月 27 日至 28 日

观点在生活中一向极其重要，它经常将一场残忍的谋杀转化为英勇的壮举，反之亦然。所以，计划出游时最重要的就是游览顺序的安排。

汤山，即著名的皇家温泉，若安排在去明陵的旅途上第一天游览，会是极有趣的一个景点；不幸的是，我们把它放在了从蒙古和明陵归途中的最后一天。我们知道俄国士兵曾扫荡过这里。不过，若将人们见到的所有残破均归罪于他们，自然也不公平。但是，这里的景象不可否认地表明曾遭肆意破坏文物的野蛮人的入侵，而非年久失修造成的逐渐破败。尽管一旁原先的温泉仍冒着气泡，巨大的汉白玉浴池和精美的汉白玉扶手现在的破败景象却令人悲哀。就像通常草木疯长的园子那样，花园倒是美极了。大自然的恣意妄为抹去了所有一切惹人讨厌的园丁修剪的痕迹。

这里让人不由自主地会想起王子发现睡美人（Belle au Bois Dormante）并唤醒她的场景，如果不是在现实中，那就一定是在伯恩－琼斯①的画中。各种开花的美丽灌木似乎都种在了这里，枝繁叶茂，藤蔓缠结。当繁茂的紫藤在春天开花时，芬芳的紫色枝条像幕布一样遮住树下的废墟，那景色一定美得妙不可言。

不巧的是我们是在9月去的那里，赏荷也晚了，只见到仅存的一朵。矮小的假山之间和满是荷叶的河道两边，长满了橡树、柏树、松树和枫树。河水弯弯曲曲地绕过整座花园，以及一些曾经很美、但现在却叫人无端感伤的装饰性建筑。有人说，绝代佳人更易老。比起姿色平庸的女子来，她会更早让人有迟暮之感。如果汤山只是一块平庸之地，它自然绝不可能让人留恋它的过往。就像很久以前，至少在本朝初期，皇帝还会骑马狩猎或作战，在清晨4时接见大臣——现在这样是因为惯例。而当初是因为那是个最合宜的时间。这个花园在那时一定汇聚了所有可能想见的美景。

昌平州（发音最相近于Jumping Joe！）的旅店是我们住过的最好最干净的一个。人们一般从那里出发去游览明陵，即中国人所称的十三陵。每个皇朝的下一位皇帝必须接受一个比先朝略小的陵墓，所以这里的石兽比南京的规模要小。在那里，所有东西都更凶猛、庞大、原始，因此也更让人惊怵。但是北京郊区的这个陵区要精巧得多。没有人事先告诉我们这里是如此庄严肃穆。在美丽的群山怀抱之中，这些帝王躺在各自的陵寝中，有些堪称当时最伟大的统治者。除了汉族皇帝统治中国，

① Edward Burn-Jones（1833—1898），英国画家和装饰设计家。

⊙ 汉白玉皇家浴池

也有一些皇朝源自少数民族。众多邻族也被包容在中国的统辖之下。

明陵的工艺水平和装饰手法远比南京的精致，保存得也更完好，尽管即便是这儿也有太多精美的文物遗失了。如从北京来这里，沿路需要经过，照理也应该经过一长列牌坊、门楼和石兽队列，直通到这片神圣的山谷。如自南口来，你会先到达一片麦地的起点。麦田长两英里，现在看有些单调。它向上通向陵区和宏伟的神道的终点。因此，如果走不同的路，虽然不至于削弱陵区的壮丽威严的感受，但欣赏效果会有差别。真的，很难说是从有点瘆人的神道下来还是自两英里外的昌平州来，哪一条路所见的景色更为诱人。昌平这条路的起点有一座精雕细琢的汉白玉牌坊。方形石柱撑起 5 座拱门，高 55 英尺，宽 80 英尺[①]。据说这是全中国最精美的一座牌坊。

继续前行半英里便是大红门，有碑文令骑者至此一律下马。华美的门楼也是汉白玉的，由 4 根雕花柱子支撑。但皇帝的题字已不复存在。

永乐皇帝的纪念碑仍在，由其皇子所建，驮在一头长 12 英尺的巨大石龟上。18 世纪时，著名的乾隆皇帝曾作诗一首，刻在碑的背面。碑亭四面立有四座顶端各蹲一只怪兽的华表，雕工精美。在博学的汉学家们自得地称之为"圣道"的两边，有一排整齐的石兽和石人，每座均由一整块略呈青色的大理石雕成，其刻工和巨大的体量都非同寻常。中国人搬运重物的聪明

---

① 照中国的说法，这座牌坊是五间六柱十一楼。

⊙ 皇家温泉所在地

才智令人赞叹，他们使用的器械在我们的工程师看来是绝对不够用的，不明就里的人一定想不出这些巨石是如何被运到这里来的。石人均着古代明朝服饰，这是在满族人将他们本族的长发辫、马蹄袖和长朝珠强加于汉族人身上之前，汉族人的普遍装束。轮到满族人，他们的那套又借鉴自喇嘛。

在我们花了约一个小时穿过所有大门之后，曾是一条石路的通道将我们引到了龙凤门①那轻灵的门洞下。门楼极为典雅，柱顶同样有怪兽。在此可以望见远处黄瓦重檐的宫殿楼阁和四周的葱茏树木。这些楼宇聚集在不同的陵墓周围，有的距此3英里远，有的4英里，但都同样坐落在这个宏阔的盆地上端，青山环抱，庄严宏伟。

陵区的自然风光和宏大规模至今仍举世无双；但是，唉！3座精美的汉白玉桥如今已坍塌了，许多其他的建筑装饰也被破坏，甚至连路也只有穿过麦地和树梢挂着鲜艳的橘红色柿子的果园才能艰难地找到；继续往前走两英里，才到达专属永乐皇帝的陵园。陵墓由柏树环绕，是最早、因此也是最大的一个。同样有保护一块巨大石碑的碑亭。这次，碑驮在一头10英尺长的神兽背上。然后来到祾恩门，台阶和栏杆皆为汉白玉，栏杆上雕有云纹和龙凤。在陵园内的杉树和橡树——其叶巨大，被用作包袱皮——林两侧是用来烧纸钱的精美祭坛，皆由金黄色的陶瓷制成。里院有一座长70码、宽30码的大殿，由4个一排、共8排巨柱支撑。柱子的木材采自一种特别挺拔的带香味的

---

① 又名棂星门，四柱三间。

⊙ 明陵：神道起点处的华表

树，是中国最珍贵的木材之一。因为最上等的出自缅甸，所以在当地被称为"楠木，"即"南木"。

这座祭殿的装饰用尽了各种各样的精美木材和汉白玉，但在建造颐和园时，乾隆把它们全都移走了。他花费几百万银两修复他所造成的破坏，甚至不辞辛苦，亲自远行至南京，来到虽然类似但规模较小的明朝开国皇帝的陵墓前，为他对先朝陵墓的破坏谢罪。他还从此把这位皇帝奉为一家之长 [①]。

在殿后，穿过另一个种植着柏树和橡树的院落，一条两旁均为坚固砖石的通道将人们向上引到紧闭着的陵寝的门前。在这里，通道一分为二，各有一长段阶梯通向平台 [②] 顶部。平台中央在陵寝大门的正上方竖立着一块巨大的石碑，之前曾被漆成红色 [③]，上刻"大明成祖文皇帝之陵"，这是帝王死后所追尊的名号。皇帝在世时不能有名号，只称为陛下或皇上。陵寝所在的小山周长半英里，虽然是人工垒起的，但是因为从下到上都密密地种植着柏树和橡树，所以形似天然。

在明朝早期几位皇帝的统治时期，他们生前最宠爱的妃嫔会和梓宫一起被活埋。这个野蛮制度在明英宗（1437—1465）[④]时才被废止。从那时起，皇帝的妃嫔直到死后才被埋葬。但是这给如何将她们的棺材放在梓宫边上造成了很大的困难，因为后人是绝对不允许再沿着皇帝的遗体被抬过的路通过的。唯一

---

① 原文如此。
② 国人称明楼。
③ 此碑之座所用为鸡血石，色红但非漆所致。
④ 应为 1427—1449、1457—1464 年在位。

⊙ 通向明陵的著名牌坊，据说是中国最精美的一座牌坊

的解决办法就是在离地宫很远的地方挖一个深坑，然后建一条地道相通。据说这些地道至今仍在。

一些中国通常常声称，推翻当今朝廷的唯一困难是没有合适的替代者；而且还面临这样一个事实，依照中国历史的惯例，新朝总是由某个出身低微、没有任何可能获得王权的人所开创。而事实上，明朝皇帝也还有一个后裔健在，被封为侯爷。在春秋两季，他都会拜谒先祖的陵墓，供奉祭牲、丝绸和食物，烧香及纸钱，完成所有祭祖的仪式。据说工部每年派一位官员来视察，看陵墓是否得到很好的维修和妥善的保养。其实极少的维护就会为我们保留下更多过去的美景，想来这位工部官员一定非常敷衍塞责。

我想给那些未来将到此游览的旅行者提供两个思考题，即那两位失踪的皇帝葬在哪里？我相信明朝帝王世系中的第二位在孩提时即夭折了，但一定葬在某个地方。而最后一位，当所有希望都破灭、满族征服者已占领京城时，自缢在北京美丽的煤山上。据说他被葬在西山，但是在西山最美丽的寺庙之一碧云寺内却找不到墓碑的踪影。不过，该庙众多的宝塔顶端都有铜环，或许是与皇家有特别关系的佐证。我认为这很可能是一个失踪的皇陵，但在当时当地我无法找到任何证据证实或否定这个推断。因此，我将这两个问题留待他人来解决：两个皇帝的陵墓究竟在何处？

流行的说法是，明朝从未当过政的那位皇帝并未在孩提时夭折，而是长大成人后出了家。明朝第三个皇帝，即他的叔父，对旅行家和探险家表现出异常的热情。原因是他需要派人四处

⊙ 明陵：雕工精美的华表

探查，看是否能找到本该成为皇上的那位失踪的侄子。这样自己可以免遭死刑的惩罚，尽管他知道他罪有应得。

明朝最后一个皇帝 1644 年自缢在煤山后苑内一棵槐树上。这棵树围着一圈铁链，直到几年前还让人参观。在满人帮助下，起义军已兵临城下。抱着最后一丝期望，痛苦的皇帝去了一座城门边的三官庙（San-kwan Temple）①，询问上天他该怎么办。他最骁勇的将军正在远方与满人交战，逼近的起义军已决意要把他们的一位首领推上王座。根据中国传统，祭牲已供，香也烧了，皇帝要从一个看起来像掷骰子用的筒里摇出一支签来。如果摇出一支长签，则意味着胜利，他应出城迎战起义军；若为中签，他应留在宫中，静待起义军；若为短签，那就是彻底毁灭的征兆，他应自尽，而不该落在反贼手中受尽折磨而死。

装着命运竹签的筒放在了他手中。皇帝摇了一下，一支签掉落在地。在一片死寂中，一位僧人拾起签，将它呈给皇上。是支短签。没人敢打破静寂，直到皇上："夹杂着愤怒和绝望大叫一声，将签猛掷在地，高呼道：'让这座先祖建造的寺庙永远受诅咒吧！让每个求签者从今以后都像我一样遭拒绝吧！那些来时痛苦的人，让他们加倍痛苦；幸福的人，让那幸福变成悲惨；满怀希望的人，让他们绝望；健康的人，让他们生病；年富力强的人，让他们死！我，崇祯，明朝最后一个皇帝，诅咒它！'"

他立刻回宫，并去了皇后的寝宫。第二天，他们被发现双

---

① 据《老北京旅行指南》，在东四牌楼迤东路北，明时为大利，崇祯时曾禁止香火庙会。清乾隆时重新开放。民国初已开始荒废。今不存。

⊙ 明陵：石像队列

双吊死在煤山的树上①。起义军占领了京城，将其首领封为皇帝。但是没过几天，轮到他们被满族人支持的汉族人逐出城去。然后，满族人就自己坐上了宝座，直到如今。

崇祯是明朝最后一位皇帝。正如他所预言的，两百年后，那座庙已荒芜，人们经过时，仍会心有余悸地感叹："这就是那座被诅咒的庙。"

他世系中的 13 位皇帝仍躺在这些气势宏伟的陵墓中，被奉为神圣。每年春秋两季，仍为他们供奉祭牲、丝绸和食物，烧上香和纸钱。在这些古老的山峦之中，这些祭品必定微不足道！但古代中国人绝对善于选择茔地。如果我们认为皇帝毕竟都只是凡人，而这种埋葬的方式过于奢华，我们须记住解释这些行为的最古老的一句中国成语："率土之滨，莫非王臣。"②这句成语在为女子道德教育而编纂的、可能是最古老的书籍中，被引为是不可辩驳的真理。书籍中最早的两册由近乎史前时代的皇后所写，而被沿用至今。

---

① 据史料记载，崇祯皇后是在自己的寝宫自缢。
② 语出《诗经·小雅·北山》。

⊙ 明陵：在陵寝和祭殿前最后一座祭坛下拜祭

第十章 口外草原

9 月 15 日至 28 日

游北京的人几乎都把去南口看所谓的长城当作义不容辞的责任。这个传统依然保留着，虽然因为有了铁路，如今去山海关游长城要容易和快捷得多，更不用说那里的城墙是真正的古长城，而到南口即止的人所见到的，是相对来说相当新的、在14 世纪后加的部分，但还是不断有人去。如果与游明陵相结合，那也算不虚此行。

不过，自北京出发最有趣的旅程应是先去明陵，然后直穿南口到张家口，从那里经蒙古草原到喇嘛庙，再经热河，即我们称之为先王城的避暑胜地回京，甚至在归途上顺道游一下东陵，即本朝最喜爱的一个茔地。

从热河回京更方便的办法大概是经由滦河。它从一个峡谷中流出，秀丽妩媚，而且从我们的地图上标作 Dolonor 的喇嘛庙起，在通过天津至营口的铁路线下面之前，就一路相伴。但是向可怜的凡人提供完美的建议有什么用呢？他们总是不得不量体裁衣，即根据他们所拥有的时间来决定旅程。"Le mieux

⊙ 骡轿在石块遍地的平原上

estl'ennemi du bien."① 我们不再懊恼如果不是在我家花园里逗留这么久，我们就可以如何如何，而是自以为蒙古草原只须看一眼就足够了——当时并不知道它就是天堂。

我们雇马的所有努力都白费了。我们从通河（Tung Ho）马场雇了两乘骡轿启程。1900 年 8 月，慈禧太后也是在此处取的轿。许多人说她穿件普通袍子，不得不在夜色中坐一辆骡轿出逃——其实那是在 8 月 15 日的凌晨——似乎就抵消了所有她头上或虚或实的罪行。有时我们起了抱怨乘骡轿旅行的念头，便会想起这些。但是，虽然这是一种不太舒服的旅行方式，我却实在无法自我吹嘘说这是在为我那些不为人知的过错赎罪。真的，一开始的感觉有点像船在颠簸，而且比后者更让我感到不适。但是我们学会了适应，而且逐渐能在里面舒服地阅读，虽然想写字却屡试不能。中国的规矩是只预付去张家口单程的费用，回程另付，这样就免除了骡轿停留在张家口时的费用。相当奇怪的是，我们回程雇到的却是同一乘骡轿。对此始终没有很好的解释，但我想一定是因为我们每轿单程都付了 9 两银子，而中国人只付 7 两或 8 两。我们的骡轿、骡子和骡夫都很出色，而我们的仆人给自己雇了一头我见过的最棒的毛驴。我们都轮流骑过它。它从不生病或使性子，能一路轻松愉快地小跑。要是松开缰绳，搁在它脖子上，它也能自己照料自己，或者任意在蒙古高原上闲步。

去张家口沿途的乡村都盛产水果，葡萄和梨特别可口，新

---

① 法国谚语：过分求全反会把事情搞糟；过犹不及。

⊙ 张家口外所谓的罗宋谷

鲜的鸡蛋则很难找到，而羊肉似乎是唯一的肉类。大部分时间，旅行者必须随身携带食物和所有生活便利品。

通常在中国都是如此，但我从没在中国任何其他地方见过这么干净整洁的旅店。我们在蒙古见到的唯一燃料是粗酒石。对不熟悉的人来说，它们很难使用，需要不断送风和照看。我们被安排在一位酋长的宅邸里，所以一点都没碰到这样的问题。

总是担心没有充分的时间游览，我们直奔蒙古草原而去，第一晚在西贯市（Kwan shih）①度过。它的西边是一座非常引人注目的陡峭大山。在相对较为平坦的地区四周是凸起的山丘。我无可救药地以为在我们和这些山丘之间一定有道深谷，只要走近就会看到。当我走上一个顶部平坦的突起的高坡时，心里仍抱着这个念头。高坡上面布满样子奇特的巨大坟包，由参天大树将它们围成一圈，庄严肃穆。我没见到任何山谷，因为它们并不存在。这终于让我相信此处的地貌特征与我所习惯的不尽相同，可能给人以更多的苍凉感。不管怎样，这里的景色给人留下极不寻常的难忘印象；那种荒僻，视野里那座陡峭山峰的原始特征，以及迫切希望了解那些墓主的所有故事的心情，都给这里的景色增添了神秘和传奇色彩。

第二天清晨我们很早就出发了，在南口村吃了午餐。直到那时我们还是走在与前一天相同的北京平原上，一些地方种植着黍、荞麦和想来是苎麻的作物，另一些地方是遍布石头的小块草地。草原上的空气清新宜人，我再次被错觉困扰，以为我

---

① 京西北大镇，离京 70 里。当年慈禧西逃第一夜也在此停留。

⊙ 南口关：著名的五边形城门

们是在往高原上攀登，迟早必然会下降到一个山谷。我仍然认为这个山谷一定横亘在我们和四周的山丘之间。但是，错了！它们是像屏障般从四周拔地而起的。

南口村有一座巍峨的熠熠发光的金顶宝塔，屋脊上有或黄或绿的动物雕塑。我忍不住想去探个究竟，结果发现是一座室内墙板上有美丽的阿拉伯文字的漂亮的小清真寺。在所有我们逗留的地方似乎都有清真寺，而且旅店总是由伊斯兰教徒开的，但我不知道在我们未停留的地方是否也是如此。

继续前行短短 5 英里，我们来到了横跨南口关的关城。它经常成为拍摄的对象，但照片完全不能逼真地表现出它的三重城门、双层城墙以及城墙内外均有的中古时代的奇特雕刻。雕的是无数的佛像，还有的似乎是中古的武士。人们也不会在照片上看到这座城门的重要特色，即其拱券呈五边形，又显然只用了灰泥来防止构成拱券的大小砖块从平坦的拱面上掉落下来，而且虽年代久远，仍保持完好。我们现在被告知说，成吉思汗和他的蒙古军队就是沿此路杀过来的，即使不是那样，即使这儿绝对不是长城，但也是在 14 世纪明朝时所建，所以必然引人瞩目。它的身姿无论如何都算是异常雄伟壮观的。普尔热瓦尔斯基①告诉我们："南口关当时宽 70 至 80 英尺，由花岗岩、斑岩和灰色大理石的巨大石块以及硅岩石板包砌。沿山脉顶端建造了第二座所谓的内长城，修得远比张家口的巍峨壮观。那一条长城从满洲的中心地带延伸到黄河上游以外很远，长约 2500

---

①　Nikolai Prejevalsky（1839—1888），俄国军官，探险家，从 1870 年起四次到中国西部探险，重在记录动植物和地理考察。

⊙ 长城上的烽火台

英里。在张家口，其墙甚至高达 21 英尺、底宽 28 英尺。城墙
由巨大的花岗石块筑成，顶部是砖砌的城垛，烽火台雄踞在制
高点。城内另有三段城墙，每段相隔约两英里，可能都与主城
相连。这几段城墙均有双重城门，阻挡住南口关的主关隘，但
最后一段城墙朝北京方向有三重城门。人们可能会注意到这里
有两门旧炮，据说是耶稣会士替中国人铸造的。"他又写道："长
城蜿蜒于起伏的山峦之上，以合适的角度跨越山谷，并筑城将
其封住。单是占据这样的地形就非常有利于防御。在天然的难
以逾越的山峦顶端，更筑起了与扼关的城堡一样坚固的城墙。
当然，南口关城是'通往北京的最后'一个关隘，也是游览者
通常最先见到并满足于其景观的一个。但雄踞于关口之上的内
城墙显然古老得多，据说是在公元 542 年，魏武帝^①统治期间
由 50000 名工匠所建的。但亚金甫说，54 年后，同样的城墙在
其原址又被重建。这可能解释了它是双重的而且一重明显比另
一重造得更好的原因。"^②

我们在岔道（cha-tao）住了一夜。过了那儿，在到达关口
顶端后的另一面略往下，又有另一段城墙。远处是许多伟拔高
耸、气势磅礴的城墙，除此之外还有无数烽火台或敌楼。但直
到离开岔道 3 天，出了张家口后，我们才见到在伟大的征服
者——始皇帝死前 5 年，公元前 213 年完成的真正的长城。

---

① 公元 542 年西魏是文帝，东魏是孝静帝。西魏武帝当政是在公元
561—577 年。又，北魏时始建长城是在公元 446 年，太武帝时设居庸关，在今
八达岭。

② 据描述，这是广义的居庸关，包括南口和北口。

⊙ 位于今天内蒙古边境的长城

通过关隘的道路曾由石板铺成，这为即将要在此修建的铁路提供了有利的基础。虽然，唉！从历史的眼光来看，当人们再也遇不到摇晃着长脖子的高大驼队、用绳子拴在一起的似乎尚未被驯服的小马群或是被谨慎地驱赶着通关而过的成群猪羊时，此地的趣味就大为失色了。在地理上，这里的山峦虽然没有西藏边境上的那么雄伟，也没有长江三峡的那么秀美，但绝对是遍地美景，让人叹为观止。

从岔道到沙城（Sha-chang）为 30 英里。在我们的回程中，这段路程似乎极为单调。去时，因为发现自己第一次来到了奇特的黄土区，我们觉得一切都新奇有趣。土地比我预想的要白，并非那么黄。起先，它使所有东西都显得不太真实。你绝不知道自己见到的是岩石还是墙，两者极为相像。李希霍芬①说一半居民都住在洞穴里，他可能是对的。但是我们所见的民居均为房屋，而非洞穴；不过，它们可能是挖掘而成，而非建造起来的。至于无数的瞭望台，我不能确定它们是否是坍塌的部分山丘。摇摇欲坠的山丘和瞭望台、途中古牟（Kumo）城堡那残破的城垛，都融在漫漫黄沙之中。

走到一地以为是沙尘覆盖的陆岬，突然看见一扇大门通到里面，才发现我们正在经过又一座城的城墙。阳光照射在黄沙、大地或城垛上，一切看来都像中亚风光，直到我们意识到自己是在亚洲，而不仅仅是在中国，而后者似乎总是别有风味。我们已置身于中古时代和蒙古的环境中了，四面八方又都被用以

---

① Ferdinand Paul Wilhelm Richthofen（1833—1905），德国地质学家，曾在中国内地考察七次，著有《中国——亲身旅行和据此所作研究的成果》。

备战或防守的设施所包围。房屋位于由坚固的土墙包围着的场地中心。特别让我感到疑惑的是无路通向城垛上的瞭望台。士兵们用的是梯子吗？上去之后总是要将梯子收走吗？树木显得极为古老，满腹的沧桑仿佛可以告诉我们答案。枝条不可计数的巨柳，有的被修剪过，有的根须像垂下的一条条蛇，都被风沙吹得露出地面，还有更古怪的，像胳膊一样从突出的山崖上伸出来。

就在去怀来县城吃午饭之前，我们经过一座花岗岩石山，山顶有座泰山庙（Tai Shan Miao）。这座拔地而起的山峰，背倚城墙，披一身黄土，延伸到又一座黄尘覆盖的山峰，奇特诱人，叫我们转了回来游赏那座庙。它似乎并不古老，其最奇之处是挂在各个神龛前的用白棉絮做的很多布娃娃。那是用来为生病的孩子祈福的。它们和英国人做的在集市上出售的娃娃一模一样。有些佛像东倒西歪，僧人说，那是 1900 年 50 个德国士兵在这儿住了一个月造成的破坏。真不能相信他们会在这荒郊野岭待了这么久，除此之外他们还干了什么？

第四天，有的路段确实相当难走，其余路段也走得缓慢无比。在去宣化府（Shuen-hwa-fu）的 33 英里的路上我们走了将近 12 个小时，两天来好像一直在奔着远方一座像圆锥形塔糖似的山峰前行。现在我们沿一条小路绕过了它。路很险，直到接上从花岗岩石上开出的一条马路——曾是项伟大的工程，现在可通马车。我们辨认出山根有一座毁坏的寺庙，山顶另有一座。然后我们开始沿着洋河（Yangho）的河道前行。这条河在这之后即流到马可波罗笔下著名的卢沟桥下。

有段时间我们见到越来越多的南瓜和其他瓜类。有一片地盖满了西葫芦，密得连一点枝叶也看不见。然后就遇到了一群又一群的羊，想到它们都是在走向死亡，颇让人难受。

清晨，马路上是兴高采烈地去看戏的人们。妇女们两腿叉开骑在马上，显得特别优雅，头发在脑后高耸着，都穿着花衣；她们那极为漂亮的三寸金莲似乎绝不会让人联想起鞋里双脚备受折磨的情形。她们将那些部位绑得非常小，因为无法站直，只能跪在地里劳作。为避免湿气，她们给膝盖戴上大大的护垫。

我们是在宣化城外一家旅店过的夜，所以当时什么也没有见到。但在归途中，我们穿过大柳树林直走到"新西门"，并沿着城墙到了南门。因为太阳正在落山，而每段城墙都据称有两英里长，这是一段要赶时间走的长路。城内似乎到处是树木和菜园，但也有全套的府级机关，每个都有一座独立的宅院。我们还见到带围墙的寺庙院落。夜色渐浓时，工匠们下工回到城中，互相招呼着，有点惊讶于我们奇怪的装束。于是，在短短几分钟内，我们感触到了这座古老边城的脉搏。自古以来，它一直自我保卫、自给自足，关注自己的喜怒哀乐。来自群山环绕的山西的路在这里与通向张家口和Dolonor——即中国人称的喇嘛庙方向的路并在一起。

第二天，经过7个小时的路程，我们在3点前进入了张家口。一路都未停下吃饭，这是骡夫建议的，尽管途中有个小饭馆。

岔道在我们看来已是一片高地，宽阔的黄土谷则更高一些，而现在的张家口谷还要高，海拔2800英尺。我们经另一条小路进入山谷。呼吸到了山里的空气。骡粪、阳光或是太多的葡

⊙ 张家口：女子不得入内的上城

萄已让我全身瘫软，在好客的基督教公理会（American Board Mission）那干净整洁的驻地度过一个静谧的星期天的前景无比诱人。不过，我还是振作精神，在早礼拜后作了一次反对缠足的讲演。然后，一名跟我丈夫一向有联系的官员上前来见我，帮助分发小册子和传单，还颇为骄傲地说道："我至少在张家口拥有三双不缠足的脚——我小女儿的和两个丫鬟的。"他还盛情地把我们介绍给一位蒙古酋长。这位酋长拥有 900 匹马，有一个嫁给了某位类似于国王的人物的姐姐。友好的美国传教士为我们策划了一条精心安排的旅行线路。

第二天启程，我们骑马穿过张家口，走了近一英里才完全出城，然后走上了一条正值干涸期的长河床，这是通向蒙古高原、库伦 [①] 和恰克图的唯一道路。虽然过去曾有人、马和骆驼被湍急多旋涡的河水卷走的事件，但它仍是主要的、也是唯一的一条路。

张家口非常优美地坐落在一个宽阔峡谷的边缘，被崇山峻岭呈半圆形簇拥着。穿过这些山峰进入蒙古的道路极为狭窄，也多曲折，所以必须真的是蛇行着才能通过。长城——始皇帝的长城，和它的关城、城垛以及肃穆的敌楼，横跨其上，完成了这道屏障。周围的群山引人攀登。山上又有敌楼，其中一座像是为某人站最后一岗而设计的。有架铁梯能被收起，敌楼中的地板上有个活门。光秃秃的山顶有座庙雄踞其上。清新的微风掠过它们吹下来，阳光毫不刺眼地照着，如果不是太荒僻，

---

① 库伦是旧地名，现乌兰巴托。

⊙ 张家口：圣柳

这里会是理想的居住之地。

张家口巨大的老柳树都挂有题字，被尊为圣树。一些林荫道更显出周围普遍的不毛景象。制弓是需要老柳树的。不过，张家口的奇特之处在于它的长度。先是下城，然后是上城，还有一座四周有围墙的仅限男子出入的城区，区内有极为气派的商行，个个门前都是欣欣向荣的花坛。出城的城门则极矮小。出了长城便是罗刹[①]谷（Russia Valley）了。此谷之得名是因为那里有众多俄国商行及一家俄国邮局。谷中曾有一座非常漂亮的希腊教堂，但在 1900 年的暴乱中被烧毁了。所有这些城区和建筑都拥挤在一条狭窄的通路上，而只有从这里才能穿过群山。

骑马穿越张家口总得花上一个多小时，我们则因驻足观景而用了更长的时间：集市上色彩斑斓的水果摊、蒙古店铺，以及仅限男子出入的城区内那许多优雅的细节和普遍一尘不染的外观。我们还拜访了那位我们将造访的蒙古酋长的兄长。他是位喇嘛，似乎为不能亲自在家中款待我们而感到歉疚。

宽阔干涸的河床两边山势陡峭，草木不生。据传说，成吉思汗当年就是从这里南下的，我们不信历史真是如此，于是就有人给我们指出高处岩石上的一个大洞，说那就是被他的箭射穿的。这里的景色荒凉、古怪，令人不安。最后长长的上坡路变得很陡，我宁愿步行，特别是附近还有一座漂亮的寺庙可游览。路上我们研究了黄土高原的形成，当靠近汗诺（Hannor）——我们的夜宿地时，发现那儿正在演戏。旅店的院子里挤满了各

---

① 对俄罗斯的旧称。

⊙ 庙前的喇嘛。殿顶有两头羊的雕像

种各样的牲口。我小心翼翼地穿过它们，想给看戏的观众照相。他们穿着节日的盛装，衣饰上所用的红色比我们常见的中国人要多得多，蓝色是后者身上最主要的色调。大多数年轻女孩穿着红裤子，身上还有许多其他红色的装饰。我还发现她们很漂亮。但是不管我怎么接近，她们都转过脸去，除了脑后好看的发式外，不让我看任何其他东西。头发是梳得非常精巧，但这不是我想看的。让她们更友善的努力失败之后，我转而登上旅店所在地那一侧的一座小山。山靠近小湖，其实只是个较大的水池，湖也因此而得名。快到山顶时出现一个山口。在这儿放眼望去，长城以内是如惊涛骇浪般的群山，另一个方向则是蒙古的美丽草原和山坡。

乌云从西面滚滚而来。看戏的观众开始散了。载着盛装妇女的马车从我身边驶过，穿过关城的一座城门。其中一辆车格外引人注目，当它驶向下面那荒凉的黄土区时，两匹活泼的小马跃向前去迎接它，然后转过头来，在车身两旁像两只小猫一样跳跃嬉闹着，慢慢从视野中消失。

我沿着胡乱堆起来的石块登上山顶，这些石堆是这里唯一代表长城的东西。在一座烽火台的顶部坐下，我彻底陶醉于眼前所见，这是我有幸见到过的最辽阔、最无与伦比的景象。

在遥远的西方，闪电在一片片墨黑的乌云间跳跃，划出一个正方形的三边，先向上，再划出另一边，然后又往下，照亮了一座顶部平坦的绵延山峰。山上一段悬崖切断了那个方向的蒙古高原，山下铺开一片汹涌波涛般的黄土山脉。视线最后落到地势略低或凹陷的地方，那是张家口的标志，以及远处相对

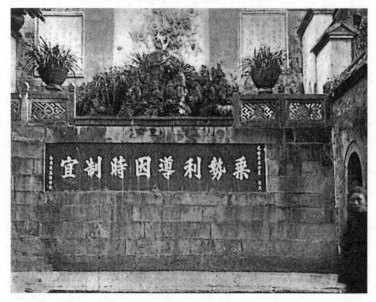

⊙ 寺庙入口处的庭院

平缓的山脉。转向北面，见到的是屏障似的重峦叠嶂，山脉几乎互相平行，但走势各异，犬牙交错；某几座山的轮廓本身就显示出其花岗岩山体的坚硬峻峭。北方较远处是绵延的蒙古草原，略有起伏或带点坡度。

在烽火台脚下，我注意到一个赶着羊群回家的牧羊人。他裹着一件白色的长毡衣，停了下来，倚在木杖上，抬头看我。他的一位祖先可能也曾以同样的方式，裹着类似的毡衣，转过头，看蒙古游牧部落疾驰而过，或是目睹长城的修建。

那晚独自坐在古老的烽火台上，似乎并非是过去被带到了我的眼前，而是我被送到了远古时代。我开始浮想联翩。牧羊人或许也是同样。落日将天空染得瑰丽动人，闪电时不时地在霞光中闪现，马车一辆接一辆驶入了越来越暗的暮色中，可以看到一场大雷雨正从远处向我逼近。我裹紧了斗篷，风有点刺骨。我自己能找到路回去吗？虽然很不情愿，这个小小的担心还是让我从荒僻的烽火台上站了起来，跨越几个世纪回到了现实中。

我非常缓慢地走下山，又一次来到隘口前。这次轮到我停了下来，靠在门上，凝视着远处越来越深的夜色。几辆晚归的宴饮者的马车驶过。并非因为转弯或是走到了什么障碍物后面，而仅仅是因为距离的增加，他们逐渐消失在视野中。置身于此情此景中，一种不可名状的寂寞突然占据了我的心。我跟跟跄跄地赶紧找路回到小旅店，进晚餐。

当晚是怎样的一场倾盆大雨啊！次日清晨，旅店的院子里积了一大片水。我起先担心无法启程，但是疾风将所有东西都吹干了。白天天气晴朗，阳光普照。我们坐车沿长城的废墟离去，又一次登上了人迹罕至的烽火台，然后在早晨清新的空气中继续前行。沿长城向草原行进时，我们已身在海拔 5000 多英尺以上了。草并非如我想象中的那么高而起伏，而是很矮，也没开花。不过草中倒是间杂着一些花：美丽的深蓝色飞燕草，大片茂盛的薄雪草花，巨大的紫蓟花，还有盛开的粉白两色的中国雏菊。

我们遇到一个蒙古营地。因为非常害怕这些蒙古人是某种混血，再加上回忆起曾经在遇到北美印第安人时，有过的类似的误会，我们驱车上前。这是我第一次从一座蒙古包，即圆顶毡帐的门外向里张望。里面的一切似乎一点都不虚假。一位妇人正在做饭，见到我们很惊讶。她身着全套蒙古服装，美丽而宽大的脸庞两侧挂着珊瑚和其他饰物。她起初可能并没注意到我们在靠近，现在则一心只想从我们的视线中逃开。

纯净的空气是如此美妙、令人振奋，我们继续前行。走到另一组蒙古包时，我们被热情地邀请进去坐坐。就在我刚接受邀请，只因觉得正对着门的两块地毯略有点低，而挑了个高点的座位时，我发现，幸好还不算太晚，那其实是个婴儿的摇篮。里面是个婴儿，而非靠垫。孩子被一块非常干净整洁的包袱裹着，脸上盖了条手帕。他们让我看帐篷里另一个大点儿的婴儿，同样被整齐地包裹着，放在摇篮里。我立刻觉得蒙古婴儿是我见过的所有婴儿中最可爱的。人们用牛奶和小块酸奶酪款待我们。在第一座帐篷里，它们确实看着有点脏，但之后的都非常好。所有蒙古包内的年轻妇女们似乎同属丰满开朗的类型，预示着她们会是优秀的主妇和母亲。确实如此，仅在蒙古待了两天，我就已经学会了"孩子哭了！"这句话。因为实在是听得太频繁了，每当此时，母亲们就会立刻跑去照料。

我们到巴罗才（Barotsai）庙吃午饭。附近的哦博斯（Obos）和卓伦斯（Cholens），以及许多其他事物都让人回忆起在西藏的见闻。庙外正面殿顶有一高挂的法轮，其两侧各跪一头镏金羊，庙内的布局与我们记忆中西藏的一模一样。住持喇嘛接待了我们，但并没有一起进餐，而且无论如何都不愿让我们给他照相。突然，他又忙着同几位远道而来的男子谈起了生意。到处都是如此。我们离开北京饭店前，曾遇到一个为军队带去一大笔牛和小马交易的俄国人。从此以后，若遇见蒙古人专注于某事时，我总觉得一定与战争有关。战争就像远处的雷声一样，已被隐约听见。它低沉地咆哮着，缓慢但不断地在靠近。几位笑呵呵的年轻喇嘛领我们上山，努力想让我们分辨出哦博斯和卓伦斯的不同以及它们的意义。

佛像手中常见的小法器，状似哑铃，被称作 Dorje，即霹雳，是喇嘛的标记，也被认为是最有威力的武器。喇嘛们被称作 gompas，gompa 意为隐士。他们最有趣的用语是将佛珠描述为"像猫一样发咕噜声的东西"。

Avalohita，意为观世音菩萨，人们用白色的贝壳片制成佛珠供奉他。尽管魔鬼才喜欢用人的头盖骨做成的念珠，也有佛珠会用到极少一部分的灵骨。Asoka（阿育王），发音为Awshok，在公元前 253 至前 251 年间，开创了竖立刻有虔诚的祝福和经文的石柱的先例。由刻有经文的石板组成的石经墙被称为 mani（玛尼），经常在西藏见到，在蒙古则较少见。但像

⊙ 喇嘛庙的喇嘛同我们的一个士兵在我们进午餐的房前

在西藏一样，所有的蒙古喇嘛庙每天都会为佛供上一座天界的模型。它由米和面团做成，伴有隆重的仪式和诵经祈祷。仪式结束时的祈祷如下："让所有动物享有快乐！让我们受引领渡过这虚妄的世界！"如果翻译是正确的话，这难道不是隐士所能诵出的最奇特而美妙的祝愿吗？让人不禁怀疑的是，此处"动物"与"我们"之间的对比是否是原文的本意？

虽然攀上这座小山让我们站高了一些，但山顶的风光与我们在山脚见到的似乎并没什么不同。只看到一长列30多辆马车一辆紧接着一辆通过。路——如果那算是路的话——由20道不同的车辙印组成，互相挨着铺展在平原上。

我们在大约2点时离开，约4点到达计划投宿的酋长的府邸，途中经过他兄长，即我们在张家口见到的那位喇嘛的住宅。他门前是一堆又一堆的粗酒石。仆人们跑了出来。我们无法分辨他们是来殷勤接待我们，还是仅向我们通告主人不在府上，但是气氛非常热情友好。住宅内部全被烧毁了。我正疑惑于这场大火的起因时，突然想起我们的传教士朋友讲过，他们曾不得不穿越戈壁沙漠往恰克图逃生。拳民出于对外国人的仇恨，竟然特意花一天时间进入草原，烧毁了这个喇嘛的住宅，理由是他对外国人过于友好。这个宁静草原上的仇恨的见证远比北京那些规模更大的废墟更让我感到痛心。人们可以理解小镇人会被鼓动，互相怂恿着做些反外的举动；但是这样深的仇恨似乎就太可怕了，足可用冷血来形容。

抵达酋长府邸之前，我们经过一座雄伟的喇嘛庙。庙里有一幅描绘天界内部情景的精美壁画，画的是防备坚固的两座城。

画面虽华丽得多，但构图与我从前见过的差不多。正在庙里游览时，我们听到一个令人极其失望的消息。酋长带着大女儿和900 匹马，到约 30 英里远的一座山上寻找更好的牧草去了。可能那里才是我多年来想象中的草场。我们所在的地方在整个夏天里，已被无数路过的骆驼啃了个遍，这些骆驼是被带去蒙古休养生息的。也有相当多的骆驼留在北京过夏天，人们通常认为让一头骆驼留在北京受酷暑的煎熬，就跟宣判它慢性死亡一样。这些双峰骆驼在健康时相当高大雄伟。而它们经常给人看到的样子却是，大团茶色的鬃毛松散地贴在身体某些部位，另一些部位则光秃秃的，长脖子不停地昂起又垂下，如此种种，只让人觉得它们粗劣不堪。但当一长列骆驼沿着北京或其他某个古老城市的城墙通过，落日照亮它们细密的茶色毛皮，它们缓慢地行进，又为原本略显无特色的画面增添了异乎寻常的美丽和生趣。

在蒙古酋长的宅邸周围，我们只见到吃草的牛羊群。因为这里并不靠近人们常走的路 [①]——一个确切描绘通往恰克图的主路的词，给人特别宁静，像是回到家的感觉。我们得到的款待让这感觉更强烈了。酋长不在，他的侄子和管家迎接了我们，并选了一个三间屋子的套房给我们住。房间按草原风格布置得非常精致，俨然汇聚了从中原运来的所有好东西。除了这些奢华之物，又添以精美至极的蒙古毛毯。毛毯被做成靠垫，或铺在屋子一边的炕上，即上座上。我们坐在炕上休息，依照中国

---

① 原文为 beaten track，指被很多人踏出来的路。

习俗饮茶。我们更喜欢的是还热乎乎的刚从母牛身上挤出的可口鲜奶。家中的所有妇女都健康漂亮、笑意盈盈，她们来看我们，与我们交谈。她们亲切地抚摸着我的手，欣喜的样子与汉族妇女见到陌生人的态度截然相反。家中的小女儿，一个约15岁的极标致的女孩，非常羞怯地进来拜见。当男人们坚持说她应该按照他们所知道的英国礼仪与我握手时，她就变得更害羞了。我那时才第一次意识到强行握住另一个人的手是一种多么可怕的习俗。对方起初肯定会想，这一举动一定隐藏有进一步的目的，不然为什么要握？那小女孩显然就是如此，我握她的手时感到她全身都在发抖。

略微困难但愉快地交谈之后，我们出门到周围闲逛。管家带我们参观了他的蒙古包；我们见了每一家的婴儿——全都很可爱——喝了每一家的奶，尝了每一家的小块酸奶酪，坐了每一家的客座。我的手始终被这些慈眉善目的蒙古妇女抚摸着，她们让我想起在弗里斯兰省（Friesland）见过的荷兰妇女，只是觉得前者更活泼一些。当然一定程度上是头饰造成了这种相似的感觉。她们都戴着珊瑚饰件结成的长穗，垂于脸的两侧，其效果同罩住众多荷兰妇女脸庞的那坚挺的金属帽子——不是吗？——有点类似。

酋长为自己建了一座最华美的中国式大宅，但他也有自己的蒙古包。蒙古包用于旅行，宅邸则太庞大华丽而无法任意搬迁。从它的外表可以想象，这是他接待正式访客和举行集会的地方。我们之前已听说，他的妹妹同她那位地位类似国王的丈夫离了婚，担起了掌管这个家的责任。她是一位很有个性的人

⊙ 去张家口途中驼队的营地

物，所以我一个劲儿地试图求见。最后她终于现身了。她异常美貌，肤色较深，脸色细腻红润，仪态高贵。除了脸庞两侧的饰物，她还戴了一条三码长的深蓝色丝巾，松松地系在头上。见我对此颇为欣赏，她善意地解下丝巾，向我展示它的系法。我发现她有个小儿子，便请求见见他，这让她大为错愕。她耐心向我解释道，蒙古族男孩在三岁之前绝不应让陌生人见到，正因如此，她才留下陪伴他，而没有同其他人一起去山中。然后轮到她想知道我是如何得知她在这里，为什么要见她。她说她本来是会来欢迎我们的，但叫她丢下小儿子完全有悖于她的职责。于是我解释道我原本想找她的嫂子，有人告诉我她同他们住在一起，但现在看起来她也去山里了，所以才想求见她。然后我们一起参观了宅中一些地方，但天太黑了，无法看清壁画，据说其中有一些非常精美。然后女主人就离开去照看她的儿子、即继承人了，不过在离开之前她极有礼貌地表示了歉意。

这些人已与汉族人过于融合，为我们提供的蒙古食物不是很正宗了。那位侄子显然经常去北京，在那儿染上了吸鸦片的习惯。虽然起初他还否认，但在说晚安前，他问起治愈这种恶习——我们知道这在蒙古人中已经蔓延开来——的方法。唯愿这里宜人的空气，和这些活泼快乐的女人能拯救这个民族免遭鸦片的毁灭。不过，传教士告诉我，蒙古女人绝非如她们的外表给我的印象那样，是极好的妻子和母亲。

次日，我们在拂晓就起身出发。管家和许多妇女来送别，但吸鸦片的侄子没来，他一再拒绝起床。大群的牛羊正被赶去放牧，初升的太阳那斜长的日光照亮了白色的羊毛和红色的牛身，青草上挂着沉甸甸的白色露珠。我们带着这幅画面驾车离去。圆圆的小山包逐渐融入蒙古酋长的府邸和喇嘛庙所在的山谷中，四处都是美丽清新的草原。

回忆是旅行者随身携带的多么妙不可言的一件行李啊！运输起来轻如鸿毛，不需要长队的搬运工，而打开翻弄个遍又是多么令人愉快！我经常想，当我老了，闭上眼睛就会看到美丽的画面——阿拉斯加神秘的雪山、冰原和浮冰；马德拉岛的花园和紫色的光影；西藏的花岗岩山峰，泡沫飞溅、汹涌奔腾的山溪和瀑布；八月雄伟的长江三峡——哦！我还应该听到急流的咆哮，男人们的呼喊，还有隆隆鼓声！现在，我还希望见到荒凉的黄土地，蜿蜒于崇山峻岭之上的长城，令人愉快的蒙古牧场——那里清新的空气远比最上等的香槟更令人振奋。

但人们如今还能活到老吗？难道他们不是因为一直一刻不停地工作，到了中年便累倒，根本来不及回忆吗？我想起在一座西伯利亚村庄里见到的一位哥萨克老妪，坐在双层密封玻璃的窗户后面，脸上的皱纹像一张完美的网。她一动不动地坐在村里最好的房子里，什么事也不做。她那老去的姿态是如此优雅，以至于我情不自禁地朝她点头微笑。这位慈祥的老祖母的脸突然间容光焕发，对我回报以微笑，因为那是全世界都懂的语言。她显然有时间回忆，可是我们这样的人还会到达这种境界吗？

我们继续驾车来到地势更高的区域。昨日这里曾非常寒冷，现在又刮起了北风，冷得我在地上一个小洞穴中躺下，想在里面取暖。见此，我丈夫坚持让我接受一名卫兵的好意，穿上他的皮袄。皮袄无疑很脏，但是多么温暖而又舒适啊！我们现在注意到了，我们遇见的每个来蒙古的人都在行李里带了一件皮袄，相比之下我穿得太单薄了。

我们再次经过一个骆驼营地，就像人们经常在照片中见到的那样，还看到一小群矮种马。我丈夫骑驴小跑着去观赏草原上的风景，在温驯的驴子再也跑不动时，我打发它们回去，自己又一次步行登上了长城，从一个略微不同的视角观看与昨夜相同的那幅奇异的全景画面。极偶然地，我发现了一处曾听说、但还未见到的景点——在长城内一块高地上，有几座外形奇特的巨大土墩，俯视着山下的层峦叠嶂。据说这就是被遗忘的大汗的陵墓。

> 我是奥西曼达斯，王中之王；
> 瞧我的事业，举世无双！①

这两句诗一直萦绕在我的心头，似乎没有比此情此景更适合它们的了。我在那里坐了好一会儿，思考着"国王之死"以及类似的伟大事件。然后，因为担心错过时间，我跑下了山坡。我们必须在当天晚上回张家口，沿一条稍不同的路线返回汉诺。

---

① 此诗句出于雪莱的十四行诗《奥西曼达斯》。奥西曼达斯，即古埃及王拉美西斯二世。他在位 67 年，多次与邻国交战，以武功著称。在他统治期间兴建了不少大型建筑，主要是庙宇。他的陵墓位于尼罗河上的古都底比斯，他在其上建立了巨大的狮身人面斯芬克斯像，想借此永远纪念自己的权威与业绩。然而，无情的岁月早已把他的功业冲刷吞没，极目四望，到处都是寂寞荒凉的沙漠，巨像本身也残破不堪了。

⊙ 蒙古双峰驼

沿隘路而下的路程漫长、干旱、尘土飞扬，似乎比任何时候都更无聊沉闷，但一道极不寻常的风景令其变得有趣起来。我们在前文提到过的那座雄伟的寺庙处转弯时，遇到一大队人马，他们携带的货物是我闻所未闻的——每人两头鹰！刚见到他们时，人和鹰一样，全都坐在地上。男人们声称是送这些飞禽到蒙古去恢复羽翼，它们养在北京时是被用来制作鹰羽扇子的。但后来有人告诉我们，这些鸟是被带去为其主人捕野兔或其他野味的，也可能是去抓更多的鹰。两种说法可能都对，他们也都提到整个队伍会在12月返回。唯一的一头巨鹰被罩子盖着。我可以在它们中间进进出出，近距离观察。但当我问抚摸一下是否安全时，男人们惊叫道："它们是吃肉的！"这队人现在起身离开了，挑着他们的担子——约40头非常大的和40头小些的鹰。每只小鹰坐在从男人的扁担上垂下的一只筐子上，筐里显然装满了某些东西——看不清是什么——大鹰则立在扁担的另一头。看它们转身平衡身体，在出发前舒服地安顿好自己，真是有趣。这些人似乎一点都不担心，在行进时这些猛禽会用它们那强有力的喙，向最靠近它的脸颊啄上一口。如果一个男孩被选进这个队伍，带着鹰去蒙古待上几个月，一定会心花怒放的。

从张家口到北京的下一段旅途中，预见有雷雨临近，我们滞留在一家旅店里。这时又见到一队奇怪的人马，虽然不如上次那么奇怪。几个外貌粗犷的男人骑马进入旅店的院子，然后是一位全身红衣的喇嘛——衣服看起来与古罗马人的托加袍一模一样——接着和许多粗野的马夫及其他随从一起进来的是

⊙ 蒙古酋长的牛羊群在清晨被赶去放牧

100匹未驯服的小马。这些是从靠近恰克图的塔库鲁带来的献给皇帝的贡品。这道风景似乎又一次使古老的历史变得生动起来。

在张家口，我们出去愉快地散了几次步，采了几把那种在整个冬天都像银子一样的白色蜡菊。如果再早一些还可以采到甘草，它的种子像刺果，又尖又硬，能刺破自行车胎，上面长满古怪的小寄生植物。我们还看见人们用洋苏木将棉布染成红色。布先呈浅粉红色，晒过阳光吹过风后就变成了深红色。布必须反复浸染，直至获得合意的色彩。洋苏木取来时是成捆的干树枝。一旁还在染一种色彩非常鲜艳的蓝色。我们只见到两匹好赛马。因为听说马市上不会有好的小马，也就没有一大早起来去参观那两个马市。归途中，我们见到过几匹出色的骏马被带入城中。要不是因为我们在此地只是过客，家则在遥远的中国西部，而在那里，体形小巧、极为温驯的四川小马是最适用的，我们真想买下它们。就在将要进入一个又低又暗、带顶的通道时，我们遇到一伙人兴高采烈地从戏院出来，全都涌入这个通道。我猜想张家口的这些低矮的通道和城门是作防御之用的，一夫当关，万夫莫开。

美国传教士将他们一尘不染的干净屋子和居住近20年所获得的丰富的当地知识全都交由我们随意使用。他们的周到体贴使我们在那儿的逗留十分愉快，离开张家口时恋恋不舍。我仍然把那里看作一个最舒适的住处。世界各地的传教士将他们所拥有的最好的、经常是经历过难以想象的困难后才得到的东西，让过路的旅行者随意使用，而后者的生活方式和思想观念经常并不与他们的一致。他们的善意得到过足够的认可吗？在我看来，各地的旅行者要求很多而回报很少，似乎也从未想到过，当传教士作为陌生人到达某地时，能指望当地人像他们那样以最热情的方式招待他们吗？他们若在此地居住 20 多年，是不是也会改变一些偏激的看法呢？

归途并不如去时那么令人激动，但是我现在已数过十段长城，南口关在我看来仍与初次见到时一样巍峨壮观、生动有趣。除了美丽的西山，这种感觉不会经常有。在所有我读过的关于中亚旅行的描述中，总有几段非常漫长无聊的路程，若旧地重游，一定让人感觉疲乏到极点，我现在似已浅尝了一下类似中亚的滋味。通向张家口及口外地区的道路与我所知的其他中国地区差别巨大。现在这是一段记忆了——每当我回想起它时，仍能感觉到心潮激荡。

第十一章　皇家园林

10 月 5 日

游人到北京都不应该错过玉泉山。这座小山或一连串小山——其山头之多跟中国的笔架一样——距颐和园的万寿山约两英里。花 5 个先令就可以雇一辆人力车一天，包括给 3 个车夫的小费。可怜的车夫为了这笔钱会不顾安全，跑得飞快。我们去的那次正逢节日，路上挤满了人。女人的脸搽得通红，头上高高地顶着蝴蝶结式的满族发冠；小男孩们挂着由又大又圆的红果子做成的长项链，那种果子被称为山楂，可以做糕。我们费了一个小时才到达内城外侧的大门。气喘吁吁的车夫在几座看来非常舒适的亭子对面停下休息几分钟，据说皇后在来往途中会在亭中歇息喝茶。

我们满怀渴望地看着运河边那条柳树成荫、赏心悦目的道路，它也经过那座美丽的五塔寺。它像是上古时期的庞然大物，寺内尚存有许多印度遗迹。但那条路很可能更长一些，而且肯定会走得更慢。于是我们沿着石铺的皇家大道迅速离开了。一路上见到许多古怪的行李和一些相貌奇特的各国人士，又突然

⊙ 玉泉山

见到一小群人围住了左边一个花园，显然正有什么事发生。下车后，我们发现了一头来回走动的大象，一匹被它的主人训来向我们要赏钱的小骆驼，还有一狮一虎都已装进大笼子运到车上了。这是那个为宫廷表演的马戏团——有史以来第一个——正在离开，路上那些古怪的人和行李因此也有了解释。

有几群衣着鲜亮的人围在颐和园的入口，但每个门前都有带刀的士兵阻止人们入内。我们继续迅速前行，到了颐和园所在的山北，我们才开始意识到尽管就这样路过，也能见到颐和园建在整个北面山坡和上面所有各种各样的装饰性建筑——一座饰有法轮的宝塔，哦！其中最显著的，还有那被部分毁坏的千佛殿，雄踞山顶，俯瞰全景。林木郁郁葱葱。人们似乎可以从一片观赏水域后的另外几个入口走入园内。哨兵们现在看来不再设防，瞥见我们，并没有立刻跳上前来挥舞他们的刀。

但是我们并未冒被挫败的风险，而是沿着一条不再似皇家大道那样得到很好维护的道路继续前行，到达玉泉山上 3 座宫殿之一的门前。一个自称是门卫的年轻人非常坚决地拒绝我们入内。就在我设法安抚住了他、在他那阻挡的手臂够不到的地方溜过去时，我朋友的苦力们用最鲁莽笨拙的方式堵住了路，拒绝了每人 20 分工钱的提议，全都吵闹着要钱买吃的。全是因为这些无礼的家伙，有一刻我们似乎真的被关在外面了。但吵闹暂停了一下，我设法从人群中突围出来，向一个显然比那所谓的门卫职位更高一点的人恳求，"啊！你们是想取点我们的泉水吧？这水是好极了！"瞥见我们的下人带着一个水瓶，他说道，"那就进来吧，但只有一个人可以跟你们来。"就这样，按

⊙ 颐和园内的法轮塔

这个借口，我们的一个仆人和他们的一个人作为向导，陪我们进去了。

园里树木葱茏，有一个湖和许多建造殿堂的先朝留下的遗迹。冒着气泡的泉水上面是石窟，石窟佛像中有一个是度母（Tara），她在印度似乎是这么称呼的。她一脚悬垂，另一脚则向上翻转，搁在另一条腿的膝盖上，露出脚底，脸侧着，几乎看向左肩，下巴翘起，双唇轻启，形成一个嘲弄似的微笑。

石窟之上又是庙宇，其上又有一座宝塔，这是我所见过的最精美的宝塔了。它有着极为优美的中国艺术风格，与黄寺那巍峨的宝塔一定属于同一时代。塔上许多装饰物的设计完全相同，只是附加的饰物更繁复一些。在宝塔基座周围有汉白玉雕成的足踏波涛的动物，如象、马，等等。我们最后认为它们可能都是十二生肖中的动物。整座宝塔七层高，但造型小巧，立在一朵巨大的莲花之上，花瓣也雕成各种优美的姿态。莲花下的宝塔各面又都有非常美丽的度母像，端坐在莲花之上的普贤菩萨像，也有骑象的普贤像，人们相信就是他骑着象从印度带回当时还未为人知的佛经的。他还到晒经山，即四川的瓦山，在那四面都是悬崖峭壁、妙不可言的平顶上晒过经书。

还有大慈大悲的观音菩萨和武神关帝，其工艺是我见过的塔中最精美的。在我们下方向西，有一处宫殿的庭院，院中又有一座极为秀美的宝塔，由五光十色的釉瓷砖建成，塔顶是金色、蓝色和绿色的琉璃瓦，熠熠生辉。山顶制高点矗立着另一座七层宝塔，但被漆成灰色和黄色，并不瞩目，然而整体的风光美极了。

⊙ 颐和园南侧

更有趣的是，山的一侧俯临整座万寿山，即颐和园全园，我们因此可以欣赏到园的布局、湖的形状、桥的位置，还有那座精巧的楼阁所在的小岛。越过平原向远处望去，可以辨认出煤山和北京巍峨的门楼。在另一侧，铺展在我们眼前的是西山及美丽的碧云寺和卧佛寺。山的东坡顶部是由闪闪发光的黄绿色瓦铺成的皇家狩猎小屋和英国公使馆别墅的废墟。西北方向的一座山后，天空映衬出一堆奇特的砖石建筑的剪影。人们确凿地告诉我那是一座堡垒。

在我们所站立的地点能见到山坡上蜿蜒的两道宫墙，以及点点的旧瞭望台。北京平原上一定屡遭争战，而我们这儿是多么绝妙的一个俯瞰整场战役的位置啊！我们转身蹚过皇后别苑中那粉刷得并不太雅致但灿烂夺目的走廊，它建在一堵坚实的墙壁顶端，俯视着西面山脚下几座建筑物。我一直遗憾没有下去做更详细的考察，因为它们似乎与那座用釉瓷砖建成的可爱的小塔很相配。

回程中我们走上主路左边的岔道，去游览1860年遭英法联军洗劫过的圆明园遗址。它是颐和园的前身。起先我们发现自己陷在高高的草丛和玉米秸秆中，漫无目的地走了一个多小时，以为圆明园什么痕迹也没有留下。但最后我们还是见到了那些遗迹。它们十分壮观，带有意大利文艺复兴时期的风格。楼宇殿阁众多，都有双重台阶通向大门。到处是精美雕刻的残片，垂着一簇簇被染成蓝色和红色、或黄色和紫色的石膏花。一座大门上有两个壁龛，里面各有一个看来像是高高的白色石膏烛台的东西，只是显然并没有地方插蜡烛。我们以为这是一种花

⊙ 玉泉山：由精美的釉瓷砖建成的宝塔

饰，直到看见上面顶棚上的小洞，才意识到我们正在观察的显然是当时的中国皇帝命一位罗马天主教教父为他建造的许多喷泉中的一个，尽管后者声明自己对此项技术一窍不通。在野草和野豌豆丛生的废墟中，发现这样一座富于幻想意味的精美喷泉真是令人感慨。

穿过玉米秸秆往回走时，带路的男孩们放声大叫，大群显然歇息在那儿的鸟儿慌乱地飞了起来，翅膀扇得呼呼作响。虽然人力车夫尽了全力赶路，我们到家时，天还是黑了一个小时了。不过他们买了一只灯笼，载着我们安全地穿行在内城那些曲折肮脏、狭窄多急弯的胡同里。当我们游览过的那些皇家园林仍处于辉煌之时，这些极窄的胡同都污秽不堪；当我们从已成废墟的园林中回来时，它们依然污秽，却也依旧存在，这颇令人感叹。

帝王将相经历了几多兴衰荣辱，而劳苦大众沉闷无聊的生活还是以一贯的单调节奏继续着。似乎赤脚人在经过时总是最轻松的。我们倒是有点过于担心了，在夜色中蹑手蹑脚地穿过北京，走过它那数不清的车辙印、凹洞和污沼，居然还在思考着在宫殿废墟中度过的这一天的意义。

是一位明朝皇帝在玉泉山修建了第一座宫殿。他安排了花园的布局和洞穴的开挖。洞中涌出一股美妙的泉水。康熙皇帝为这里添加了好几座庙宇，一座敬佛，一座敬山神，最后是一座非常巍峨的多层楼阁，由此完成了御苑的修建。山上还有一座能喷到一英尺半高的喷泉。这里的水与前文提及的泉水合二为一，然后分成两道清澈的溪流，一道流向东南，另一道则流向西南。

⊙ 从路上看到的颐和园北坡，1860 年遭到英法联军的蹂躏

现在的颐和园是北京仅有的一个始建自本朝，即清王朝的景点，这点恐怕很有意义。

但是根据前任主教樊国梁的意见，颐和园本身就足以孕育出好几代杰出的统治者。他曾写道："康熙住的夏宫叫畅春园，他在那里接见外国公使、使节和特使。朝北约五百码是另一个园林，叫作圆明园，其名由康熙所题。康熙在位第四十八年，将其住处赠给四子雍正，即他的继位者。下一任皇帝乾隆又将主建筑连通起来，将其统称为圆明园。"

这位皇帝在当朝第二年就任命几位罗马天主教教士和中国官员一起绘制规划图，为他建造几座欧式殿堂。根据郎世宁①的设计，这些建筑在蒋友仁②的指导下建成。后者1767年在北京时写道：

离京城六英里，皇帝有一座行宫。一年中的大部分时间他都在那里度过，而且夜以继日施工整治。人们必须先回想一下想象力丰富的作者们笔下那些美妙极了的绮丽园林，才能对该园有个大致的概念。蜿蜒在假山间的河渠宛如铺在园中的一张水网，有时流过岩石，形成大大小小的湖泊。小路弯弯曲曲地通向山顶华丽的官殿。皇帝及其朝臣专用的那一座极为壮观，殿内所见皆是令人叹为观止的珍奇物品。除这座殿以外，园中还有许多其他殿堂，有的在一片辽阔的湖水边，有的在湖心的

---

① Giuseppe Castiglione（1688—1766），意大利人，耶稣会修士，1715年来华，任宫廷画师。

② Michel Benoist（1715—1774），法国耶稣会士，1744年来华。

人工岛上，还有的坐落在山坡上或优美的山谷中。就是为了这些园林，皇帝才希望建一座欧式宫殿，内外都想用喷泉装饰。不管我如何表明自己缺乏这方面的知识，他仍指示让我完成这项工程。

王致诚[①]在1743年11月1日的一封信中记述了更多的细节：

满山皆为绿树覆盖，特别是花树，这在此地是极普遍的。这真是一个人间天堂。河边是石砌的河岸，不像我们的那样被切削得规规矩矩，而是非常粗糙。石块或伸或缩，其艺术手法如此高超以至于会让人断言那是大自然的杰作。河道时宽时窄；在这儿绕一下，在那儿转个弯，像是被小丘和岩石强逼的。两岸满植花草，似天然一般从石缝中长出来。每个季节都有应季的花卉。宫殿的整个正面都是柱子和窗，木制品镀过金、上了油漆、罩过清漆，灰砖墙经过很好的切削和打磨，屋顶铺琉璃瓦，红、黄、蓝、紫，各种颜色的混合排列形成绮丽的变化组合。没有一座殿有第二层。每个山谷都有一座别苑，相对于整个园林来说规制较小，但足以容纳我们某一位最伟大的欧洲贵族和他的所有随员。这些宅邸中好几座是用从500里格[②]远的地方运来的松木建造的……不算太监住的房屋，园里共有200多座殿阁。河上有桥……汉白玉栏杆上饰有浅浮雕，每一座桥

---

① Jean Denis Attiret（1702—1768），法国耶稣会士，1738年来华，充宫廷画师。

② 里格，长度单位，相当于3英里（4.8公里）。

建得都不尽相同。有的在桥两头或中央建有小亭。但真正稀奇的是在湖心升起的一座浑朴的小岛，或是一块巨石。岛上建有一座小巧的宫殿，殿内却有 100 间屋子。它四面有门，华美典雅非语言可以形容。那里的风景美极了。

他在下文中将颐和园的面积与法国多勒镇相比较，津津乐道于园中的家具、饰物、书画、珍贵木材、日本和中国的漆器、古瓷瓶、丝绸和金银器物。但这位善良的先生却以此作结尾：

这里没有一个人能像皇帝一样。一切均为他一人独享，除他以外，世上鲜有别人能见到这座美妙绝伦的别苑。这些宫殿和花园很少被介绍给亲王及宫廷以外的人。

中国的皇帝们如今是否已偏离了孟子的教诲？他曾对当时的一位国君说："您有一个 10 英里见方的苑囿，百姓却抱怨您的奢侈。文王的苑囿有 20 英里见方，而他的百姓都喜欢他，在苑囿中玩得非常愉快。这是因为当您将苑囿封闭起来，为您一人独享时，文王却将其敞开。所以，他将苑囿建得越好，百姓越能从中得到乐趣，也就越爱戴他。"①

━━━━━━━━

① 见《孟子·梁惠王下·第二章》。原文为：齐宣王问曰："文王之囿，方七十里，有诸？"孟子对曰："于传有之。"曰："若是其大乎？"曰："民犹以为小也。"曰："寡人之囿，方四十里，民犹以为大，何也？"曰："文王之囿，方七十里，刍荛者往焉，雉兔者往焉，与民同之。民以为小，不亦宜乎！臣始至于境，问国之大禁，然后敢入。臣闻郊关之内，有囿方四十里，杀其麋鹿者，如杀人之罪。则是方四十里，为阱于国中；民以为大，不亦宜乎！"

圆明园在 1860 年 8 月遭英法联军洗劫并被烧毁。如果当初稍加修整，重建的费用可能会较小，可惜朝廷并没有这么做。慈禧太后（姓叶赫那拉氏）修复并重新装饰了万寿山上部分颐和园的建筑，但是本朝所完成的工程，比山的另一边依旧立在废墟之中的那些巍峨的断柱残垣，质量似乎差了很多。1900 年时，颐和园又遭到极大的破坏，各国士兵似乎以用刺刀将镜子戳得粉碎为乐。矗立在山顶的千佛殿外墙上，每一个能被够到的黄色瓷佛的头都被敲掉了。栩栩如生的古老铜牛卧在湖边，因其所处的位置以及中国人善将建筑融入周围景色的艺术手法而显得分外迷人。铜牛和园中的几座汉白玉桥是最引人注目的景物，缺了它们，这里似乎就只是被美化了的罗舍维尔了。大理石石舫本身并不很精美，其外观又完全被本朝建在其顶部的欧式小餐馆给破坏了。南京明朝开国皇帝的宫中有一座类似的石舫。不幸的是，现在要游颐和园，必须先在慈禧太后为她的外国朋友安排的众多接见和午餐会上得到一封邀请信。人们不再像 1901 年时能悠闲自在地去那里漫步了。因为这个原因，我们感到在另两座皇家园林的遗址度过的这一天特别愉快。在这两座园中都可欣赏到为慈禧的享乐而修复的颐和园内的风光。

第十二章　西陵览胜

在杉树林柔黑的波涛之中，是一片绚丽如梦幻般的朱红、橘黄和金黄，背后是一列屏障似的群山。山势或倾斜，或陡峭。阳光照射在突出的岩石上，白亮耀眼，又渐渐转变成深深浅浅的蓝色，就像某些美丽的鸟儿胸脯上柔软的羽毛。近前这一组辉煌的庙宇有如一群中国西部的金色野雉。所有这一切都在阳光下流金溢彩。近处，汉白玉桥晶莹洁白，笔直的石头甬道也是白色的，通往庄严的陵区。后者由方形的大门守卫着。大门漆得通红，四周包有黄铜，镶着大大的门钉，直角显出庄严，线条透着峻厉，色彩的辉煌引人接近，却又绝无邀请之意。护绕陵墓的围墙深红，这种红色在杉树树冠的掩映之下变得更为浓重；白杨点点，入了秋的树叶已经变黄，在阳光下闪闪烁烁。这就是存在我记忆当中的昌陵——嘉庆皇帝墓的景象。

当时我们站在较远的一座桥上，身后是巍峨的龙凤门，以及门外那一列石人石兽。这些石人石兽在体形上不及南京明陵的巨大，在工艺上也不及北京明陵的精美；且每种只有一对，而非四对。一座亭子护卫着一块功德碑，碑由一头怪兽驮着。

⊙ 西陵：庙宇

像通常一样，周围有四座高大的华表，柱身绕有盘龙，顶上是神兽。前方树林中辟出一块安静的长方形广场，似乎是大路的起点或终点。这一片静谧的空地上虽什么都没有，在林木包围之中，却自有一种诗情画意，让人记忆深刻。在饱览了我刚才试图描述的、色彩几近铺张的画面之后，心神得以在这里小憩。

雍正皇帝的陵墓——泰陵，比嘉庆的宏大。所有的一切都更高一点，大一点，完满一点。是不是连屋瓦的橘黄也更鲜亮？屋顶的金色琉璃瓦也更灿烂？它还有一处庄严肃穆的景点特别引人遐想。穿过地道，从两道台阶中的一道攀上竖有功德碑的平台，然后沿着精心设计的带有汉白玉栏杆的通道，你就来到一座树木繁茂的大山包上，山下是陵寝本身。山的两侧各有一座汉白玉大门，门洞宽阔，仿佛在邀人进山，来凭吊这位伟大的满族君王的陵墓。倚着汉白玉栏杆俯瞰，低处依稀是又一座精美的院落——连入口的小门也盖着明黄瓦——院落像腰带一样绕着山包环绕一圈。仿佛满族人既借此护卫他们君主的陵墓，又不阻拦最挚爱的人亲近。在所有其他方面，陵墓的布局跟中国明朝历代帝王的完全一致。有同样的祭坛烧纸，祭坛也由同样的黄色釉砖建造。内院都植有肃穆的松柏，墓前是同样的放置牺牲供品的石头祭台。但明陵已成废墟，而这里的一切却鲜亮如昨。树木仍生机勃勃，就像至少200年前雍正墓规划时那样。汉白玉石桥晶莹雪白，无一处断裂。红蓝绿彩绘也都完好。黄铜锃亮，仿佛刚刚撕去了包装纸似的。

从外面进来右侧的一排屋子是宰牲房，现在还在，牺牲也一样。我们游览陵墓的那天，就见到两只全羊和许多已宰割过

⊙ 西陵：祭坛壁

的骨架，还有一大盆肝和各种牲畜的内脏。据说这儿每年都要祭奉 100 多头牛。我们驱车沿着山谷而下时碰见了皇家为祭祀目的放养的畜群，有黑牛有白羊。从火车站到陵区外墙的路差不多有两英里多，路的右侧有好几座带围墙的院落。院中有许多小屋，住着归六大部之一的礼部管辖的官吏。陵墓外墙内还有一条长长的林荫道，两边散落着一座座整洁的小屋，住着照看园林的护林人。

两个小男孩作了我们的向导，带我们游览了一座又一座陵墓。他们告诉我们树名，还有问必答。本朝仅有三个皇帝葬在西陵——其他五位长眠在东陵——道光帝的慕陵离其他两座约 3 英里远，也略为逊色，没有裬恩殿，树也小得多。他死于 1851 年。一个跟我们一起走了一个下午的男子带着好几打干蘑菇串。我们还碰到不止一个农民提着大篮子，里面满是大大小小、五颜六色的蘑菇。有人可能称它们为真菌，但这些显然都是采来食用的。所有这一切都为秋天增加了色彩。

一路上我们跨过两条小河，经过一座光彩夺目的关帝庙，他是本朝的特别保护神。路上风景不断，山色尤其动人。向东可以清晰地看到一条蜿蜒的狭径穿山而过。迎面则有一根石柱，顶天立地，好像正位于嘉庆墓的后面。

火车站附近林木葱郁，林中有刚重建的一座喇嘛寺，内有当今皇太后慈禧以及乾隆帝的手迹。寺内有 5 座比真人还大的佛像，端坐在色彩鲜艳的长方形佛堂里。还有微型的玉雕佛像，颈上的念珠镶有真正的宝石。有人指点我们看一幅墙上的画，推开墙，居然是一间小巧安静的密室。据说当今皇帝上次来此，累了就是在这儿歇息的。一位喇嘛指给我们看地上的一个枕头，而我们的车夫则兴冲冲地讲述起皇帝的睡榻。我们还看了他坐过的地方，以及那张曾放在他身边的华丽的漆桌。

为了安置他来祭陵所率领的大队随从，这里特建了两排铁皮屋子。当夜我们就被好意地安排在其中的一间内过夜。屋子相当清洁和通风，除了为安置我们特意找来的，没有别的家具。

当时的铁路行程并不很方便。如果现在管理京汉线的公司按计划接管这条小支线，服务估计会好得多。不过现在的旅客可以在 1 点 25 分离开北京，两天之后的 11 点 18 分返回，其间有一整天可以在树林中漫步，享受满族皇陵周围的色彩盛宴，同时思考着，"我希望有人把我的枯骨聚成一堆"，或者像狄奥根尼 ① 那样，"希望朋友们不要埋葬他，而是把他吊起来，手中夹根树枝，好吓跑乌鸦"。不管是哪种情况，"大多数人一定会感到前所未有的满足，登上上帝的花名册而非人间的生死簿"。

希冀崇陵大墓、期待子孙感恩戴德的时代似乎已经过去了，但按照每个人内心的声音、守护天使或良心的指引来构筑人生的时代尚未到来。从古至今——

> 这颗心，纵然勇敢坚强，
> 也只如鼙鼓，闷声敲打着，
> 一下又一下，向坟地送丧。②

---

① Diogenes，亦译第欧根尼，古希腊人，犬儒学派的著名人士。
② 节选自美国诗人朗费罗 [Henry Wadsworth Longfellow（1807—1882）] 的诗歌《人生礼赞》。

第十三章　藏庙孔庙

　　游人熟知的喇嘛庙、孔庙和国子监这一小组建筑是北京最受欢迎的景点之一。它们都坐落在北京最宽阔的大道、哈德门①大街的一头。我家花园所在的小巷就通向这条大街，而绕着雄伟的雍和宫散步是我最喜欢的活动之一。它只是北京众多喇嘛庙中的一座。在过去，进去几乎是不可能的，要出来则更难。一位俄国男士曾多次进去游览，偶尔还带朋友去。一包亨特莱和帕尔玛牌（Huntley and Palmer）甜饼干是可作通行证之用的许多东西之一——当时住在那里的活佛好像特别喜欢这种饼干。但是，连他在试图出来时，一座又一座大门也会在他面前关闭，凶恶的喇嘛会戏弄地问他愿出多少钱让他们开门。所以在我们初次游北京时，他就决定再也不冒险让自己遭受如此待遇了。

　　我们听说了无数关于这些僧人如何野蛮无耻的故事，其中一些成了汉南②先生所作的那部极为惊心动魄的浪漫小说《燕

---

　　①　崇文门旧称。

　　②　Charles Hannan，英国人。1859年进入中国海关任职至1890年。所提及的书副名叫"北京故事"，现存有1888、1889和1897年三种版本。

⊙ 两个服饰奇异的蒙古喇嘛

之翼》（*The Swallow's Wing*）的素材。有时我会忍不住以为那都是真的——1901 年早期，八国联军首次向世人敞开雍和宫的大门。对当年乘此机会进去过的人们来说，它读来却非常真实。当时那么强烈地震撼过我的图画和雕像现在被移走或用幕布遮住了，但余下的物件仍足以让人相信传言。虽然现在外国人能够自由进出这里，他们却很难想象到就在一两年前，人们对这座庙宇有过的异乎寻常的兴趣。我们必须充分利用仅存的几处禁地，当所有地方都对公众开放时，世界给予我们的诱惑就少了很多。禁物的魅力导致多少青涩少年吞食了未熟的苹果，影响一生。萦绕于我们梦中的风景永远都是那些我们从未得见的。

不管怎样，我经常从我家花园坐辆小人力车，走过尘土飞扬、人头攒挤的大街，忍受住那些吵闹无礼的男仆的苛责——他们仍旧像过去那些面相凶狠、粗暴无赖的僧人一样把持住大门，使进出极不方便——自由自在地进到宫内。

我在宽阔的庭院内，在庙里庙外到处闲逛，以此为一大乐事。通常我会避免那座内有一尊高达 3 层楼的巨佛（弥勒佛，即未来佛）的大殿，但它却是每位游客的必游之地。佛像高 70 英尺，面目极可怖，对仔细仰望它的人的灵魂似乎不会有什么好处。

登上一座曲曲弯弯、摇摇晃晃的楼梯——令人惊讶的是竟有这么多人并不介意——人们会见到巨大的转经轮，或不如说是——挤满了祈祷者的小屋。据说经轮转一圈会将无数愿望变成现实。当人们这么做时，心中必会充满对依赖如此机械而毫无意义的祈愿方式的恐惧感。但人在漫长的一生中，曾说过多少同样毫无真情投入的祝愿啊！只有在见到他人犯错时，我们

⊙ 城墙外黄寺中的汉白玉宝塔

才意识到自己的罪过有多大。愧疚之心在这儿当然更被扩大了，于是我们走到外面的露台去看风景，让我们被伤害了的自尊获取些许安慰。凝视着这样的景色，有谁会找不到安慰呢？

当建筑师使一座建筑的各部分都取得完美的平衡与和谐时，就像某一段华美的乐章被凝固成了岩石，经年累月，令灵魂得到慰藉和升华。中国人很早就本能地利用平衡之美作为所有建筑审美的基础。为繁复的细节所迷惑，现代建筑师似乎不再领会得到这一点了。

中国人也特别擅长于屋顶的建造。从这个露台远眺，见到的不仅有巨大的庭院，还有雍和宫正殿那异常壮观的重檐，檐上的老虎窗使它的线条变化多端。此宫最初是为康熙的儿子建的，后者又将它改造成一座有三千蒙古喇嘛在此供职的宏伟庙宇。喇嘛中为首的是转世活佛。当轮到他去世时，其遗体一般会被运到神圣的山西五台山去埋葬。按中国的惯例，皇帝一旦登基，他居住过的宫殿就应改造成一座寺庙，没有一个凡人可以成为已是天子的他的继承者。

一些德国评论家宣称，我们正在俯视的那座大殿比任何一座享有盛名的日本寺庙都更为精美。然而，我却感觉它无法与北京城墙外黄寺东部的那座大殿相媲美。后者也用粗犷的蒙古风格装饰，但要华丽得多。黄寺是为他们每年来上贡的王爷暂居而建的。令人遗憾的是，游人并不仔细探究东殿和西殿。后者，唉！那壮观的方形门廊现已被毁坏，而是全都涌去看由乾隆皇帝所立的那座美妙的汉白玉石塔。塔下并非班禅喇嘛的遗体——他已被运回西藏——而是他的衣冠。他的地位仅次于达赖喇嘛，在一次来京时死于天花。塔的八面均雕有喇嘛生活的场景，包括在天界他的出生、皈依佛门、与异教徒的斗争和死亡。我们特别注意到那头用爪子擦拭眼泪、悲悼喇嘛之死的狮子。所有雕刻都异常精美。如果可以偶尔一次忍受印度风格——对有些人来说这种风格违背了所有的艺术原则——这一定是北京周边最美的一座塔。蒙古人在冬天到来，献上小小的丝绸手帕。人们有时会在塔上各个部位发现它们，用绳系住或小石块压住，以免被风吹走。

但我们必须回到由围墙包围的雍和宫内去。在这座巍峨的大殿前立有一块巨大的四方石碑，上刻喇嘛教的历史，译成四种文字——汉、满、藏、蒙——各占一面。碑前立有一尊精美的青铜香炉，高 8 英尺。庭院西南墙上挂有一幅宇宙的图画，由一头海中的三眼巨兽带爪的四肢支撑着。关于这幅图画，当代著名汉学家艾约瑟博士[1] 告诉我们说："这里描绘了通向极乐世界的六条道路。画中西北面的佛指向太阳。当喇嘛在进入佛堂做法事前整理僧袍时，生命的悲喜会呈现在他面前。这被称为'生死轮回'，即佛教中令人迷惑、变幻无穷的世界，"但是，要从这幅挂在院里一个墙角、面积不大、非常晦暗的图画里，看出这位学问高深的老学者用他那深邃的双眼观察到的所有东西，还是有点难度的。人们不禁会想，他成为仅有的几个被允许入内观看这幅画的人，可能同他会发现如此深刻的含义有点关系。当喇嘛们拽紧身上的僧袍、预备开始单调地诵经时，他

---

[1]　Joseph Edkins（1823—1905），英国传教士。

们显然不像是注意到这幅画的样子。小僧人那时则大多在对着陌生人微笑、做鬼脸。但在做晚课时，他们的外表都非常引人注目，胸前斜挎黄色的长僧袍，头戴极高的头盔状僧帽，据说原是仿照中亚圣山秦山（Chin-Shan）的形状所制。然后，他们诵起类似格列高利圣咏[①]的经文。当声音暂停时，能听到其中有一二位僧人用低沉的 D 调低音伴奏。同时他们用手掌和手指作出各种神秘的手势。贫穷无知、粗暴野蛮的人认为这些手势极端重要尚不足为奇，但得知一位颇有胆量的美国旅行者千方百计向他们求学，后来死在西藏，就很奇怪了。这些动作太复杂，不太可能会在英国的降神会上使用，但经常参加这些集会的人倒会对此有兴趣。

散布在各个殿堂和庭院里的许多有趣的物件，令我们的每次来访都有新发现。有一块表现佛教西方极乐世界的极美的雕像，由木头雕刻而成，上了油漆；体积很大，包括无数做工令人赞叹不绝的小组雕像，非常精巧。还有许多非常精致的旧北京景泰蓝，一座精美绝伦的香炉。地上曾铺有产自位于荒凉的鄂尔多斯草原之外白帝城（Pô-ti-chêng）的美丽的丝织地毯，墙上也有过非常精美的壁挂。人们至今依然难以获知有多少珍宝在 1900 年的劫掠中被夺走，还有多少仍被藏匿在隐秘的地方。

一天晚上，我们沿着长廊逛到了宫中似乎罕有人至的东部。野草在道上滋长，四周弥漫着一种奇特的宁静气氛，一种来自远古的宁静。

---

① 由教皇圣格列高利一世采用，节奏自由，音阶有限，通常无伴奏。

⊙ 蒙古喇嘛戴的盔状僧帽，据说是仿照中亚山峰的形状所制

这里的寂静像是一场沉睡

一切似乎全都静默着：

一个经过的脚步

都是从逝去的岁月深处

传来的一声回响。

有段路我们一个人都没遇到。我们经过了一座又一座小平房，一位面容沉静的蒙古僧人突然出现在门口。他正在坐禅，被经过的欧洲人的脚步声惊起，脸上带着震惊的表情，似乎并不习惯于见到这样幽灵样的人物。有些寺院里的僧侣表情异常凶狠粗暴，但这里的僧侣大多很年轻，都带有一种圣洁的气质，我也从此改变了对寺院的看法。几个世纪以来，年轻人不论是被其家人奉献给了圣灵的，还是自愿与家人分离的，无疑都把这里当作躲避邪恶和猥亵的俗世的避难所。那些长廊如此安静整洁，代表着一种清规戒律的生活。年轻僧侣的面庞透露出他们不为贪欲、野心和生活的痛苦所动的内心世界。

北京的孔庙就坐落在大喇嘛庙西面，其建筑形制同中国各地的孔庙相同。每座城市都至少有一座孔庙。很难评判这位伟大的教育家该位于何种地位。作为世界上最伟大的两位教育家之一，他很可能应该与柏拉图平起并坐。但柏拉图的教导对其弟子的约束力从未达到孔子曾有的那种程度，而且这种力量依然存在。在中国直到今天，引用这位伟大先师的主张仍会有效地平息一场争论。然而在此处他的牌位上——没有任何雕像或画像，仅有一座纪念他的牌位而已——仅书"至圣先师孔子神位"几个字。字是用汉、满文刻的。显然没有任何文字足以描述这样一位人物，其思想学说在 2000 多年以后仍然继续指导着数百万人的日常生活。

孔子牌位两侧设有四位大弟子的牌位：写居"四书"之首的《大学》的曾子；写"四书"中第四部的孟子；写《中庸》的子思；以及颜回，他与孔子的对话被记录在《论语》中。

如通常一样，大殿前是成排的柏树，巨大的树干将观者带回远古时代。据说它们是在 1000 年前的宋朝时所栽种。院中两侧有殿堂，内有 100 多位著名先贤的牌位，东面的 78 位以德闻名，西面的 54 位则以学见长，均为儒家。

在庙中院落的前方，黄瓦重檐下有 6 座记录康熙、雍正和乾隆皇帝征服外族的功绩的石碑①。

1704 年，康熙，平定朔漠、西蒙古。

1726 年，雍正，平定藏东。

1750 年，乾隆，平定苗部。

1760 年，乾隆，平定准噶尔，柯尔克孜人的居住地。

1760 年，乾隆，平定鞑靼族地方的回部。

1777 年，乾隆，平定四川苗部。

贡院中有石碑，上刻当时中了进士的每一个人的姓名与籍贯。尚存 3 座元朝的进士碑。

在欧洲，何处会有与这镌刻在石碑上的 500 年的荣誉相匹

---

① 年代有误。原文如此。

敌的东西？这些题名碑对一个往往是出身贫寒、来自外省的年轻人自然有相当大的影响。等他衣锦还乡时，彩旗飘扬，鼓乐喧天，受到像凯旋的英雄般的迎接。这经常是在中国刺绣上表现的欢庆场景。

必须承认，建造孔庙的意义是深远的，需要长久的思索才能正确领会。

但是人们去游孔庙完全不是为了这些，而是去看位于主门门廊下两侧的两排石头，共10块，一般被称作是周朝（前1122—前209）①"石鼓"。这些坚硬的深色片麻岩大石经风吹雨打，刻在上面的竖排铭文日渐磨损。铭文内容是记录出游渔猎的诗文，用篆体书写，据权威考证其年代可追溯到宣王统治时期（前827—前782），但也有一位学者认为这些诗文特指秦国君（前1110）②所举行的一次盛大游猎活动。现存关于它们的最早记录是在7世纪，石鼓被发现半埋在陕西的一片荒地里。早在9世纪出版的地方志里，就可读到："石鼓文在天兴县以南9英里的10枚鼓状石块上发现。用周氏发明的文字记录了周宣王的一次游猎事件。……它们刻于很久之前，一些文字已磨损或无法辨认，但是存留下来的仍然非常值得关注。如果记录地理状况的作者不将它们包括在内，会是真正的一件憾事。"在著名诗人韩愈的诗作中，就有一首是在812年为赞美这些石刻文字所写的。他在诗中恳求把石鼓转移到某个安全的地方去，结果它们被移到附近城市的一座孔庙中，并在唐朝（618—905）时

---

① 应为公元前1046—前221年。

② 年代有误。原文如此。

⊙ 喇嘛庙里精美的天界雕刻

一直保留在该处。但在五代（907—960）的战乱中，它们又失踪了。宋朝（960—1126）时，一位官员找到了10块中的9块，并将它们放置在自己的书院门廊下。1052年，丢失的那一块终于被找到，10块石鼓再次重聚。鞑靼人攻入北宋宫廷 [1]，入侵者逃亡时，将石鼓带走。有人建议这些文字应用金泥填嵌，以避免石刻遭更多磨损，可见它们的价值之高。为保证安全，在经过多次转移后，鞑靼人在1126年将它们运到都城北京。字中的金泥被剔出，而石鼓依旧未得到重视。直到下一个王朝，蒙古，即元朝建立后，在1307年，它们被放置在现在的地点。学者们试图释读它们，译文同其他注释一起被刻在大理石板上，放在同一个门廊下。

有许多诗作描写石鼓，连乾隆皇帝，在他统治的第五年，1741年，也加入了这个行列。为使人不再怀疑石鼓的真实性，他的诗句已被刻在孔庙中一座大理石巨碑上。他还在门外放置了刻有用旧石鼓上尚存的310个文字组成的诗句的几块新石鼓，但这次是刻在平坦的鼓面上的。另一套仿制的新鼓被放在热河的孔庙中。据卜士礼 [2] 博士说，我在此已多次借用他的文字，第一块鼓上的诗句大意如下——

我车坚实，
我马飞驰。

---

[1]　应指北宋末金朝南下攻取北宋首都汴梁。

[2]　Stephen Wooton Bushell（1844—1908），英国人，1868—1899年任驻华使馆医师，曾兼任京师同文馆医学教习。

⊙ 通向孔庙大殿的台阶

我车精良，
我马健强。

旗帜猎猎，
贵族列列。
雌鹿雄鹿，
贵族追逐。

弦鸣疾疾，
箭势急急。
翻山越岭，
车马轰鸣。

人马济济，
车驾丞丞。
雌鹿雄鹿，
慌不择路。

驰骋平原，
穿林过树。
鹿倒纷纷，
兼及野猪。[①]

①　此篇石鼓原文可参见罗振玉《石鼓文笺·甲鼓》和郭沫若《石鼓文研究·车工第六》。

⊙ 通向孔墓的道路

　　我们似乎感到了喘气的急促、追逐的激烈，听到了战车的隆隆声，见到了鞭打战马的车夫，然后又意识到他们用的一定是不带减震弹簧的北京马车，就像我们如今坐的这种。它们摇摇晃晃，走得比步行还慢，让人发晕，需坐下静一阵才能缓解。或许可以说，那时他们有战车毕竟是先进的标志，而北京马车却只是当今中国衰落的又一个见证。

　　人们会观察到第六块石鼓显然曾因被用作舂米臼而弄凹了。韩愈的诗中提及过此事，可见这一定发生在非常久远的年代。

　　国子监（辟雍宫）就在孔庙的西面，人们通常同时游览这两处。这里有一座装饰华美的牌坊，上面覆盖的琉璃瓦多为黄绿两色，三间拱门以汉白玉镶边。它同专供慈禧太后享乐的天堂——紫禁城内莲池边那座非常美丽的牌楼相似，但逊色得多，而其所在地的沉陷也更使它处于劣势。

　　在过去，诸侯的书院前有一个半圆形池塘，君王则会在一个圆形鱼池正中修建一座殿堂。此前孔庙一直是讲学的地方。乾隆皇帝决定增建这座方形的宏伟建筑使孔庙更完美。这座殿堂坐落在一片环形水域中央，黄瓦重檐，顶部是一个特别巨大的镀金球，屋檐下回廊环绕，由木质巨柱支撑，周边是汉白玉栏杆，四面有桥跨过水面通向中央的大门。

　　典雅的花饰窗格、宏大的屋顶和殿内横梁的优美布局，还有外面屋檐上复杂的彩绘，都使它成为中国优美的建筑艺术代表，虽然有些人可能认为中殿的体积使整座建筑有点比例失调。

⊙ 精美的琉璃牌坊

200座直立的石碑上刻有九部经①的全文，刻在正反两面，刻工极为精细。中国第一位皇帝——秦始皇，曾下令将所有书籍全部焚烧，希望超越古人的教条寻求发展，或是为了抵御中国真正的军队——文人的可怕力量，巩固其本人的权威。到底是哪一个原因并不能确定。

为了保护这些经书免遭如此命运——据说它们都是根据记忆重写的——也是为了保护经文的权威性，于是就将它们刻在石上。为便于阅读，经文是按页分的。

然而，巨石上更多的是成功学员的名单。大殿北面一座细长建筑内有康熙颁布的"圣谕十六条"的标准版本，它可以说类似于我们的十诫。每月初一与十五，在中国各地的每一座孔庙中都会宣讲它的官方演绎版本。在街上还经常可能听到讲道者讲述它。这部"圣谕"形成中国所有道德规范的基础。有一座刻有它的日晷立在殿前平台上。

现在要辨认出中国有多少智慧源于孔子是不可能的。当然孔子的教导中一定充满了智慧，因为每一个读书人都必须全面熟读这些经书。英国人用自己的感觉和思考方式看东方人，往往会觉得他们不是合乎常理的人，虽然这种感觉的强烈或深刻程度随时变换。所以，我忍不住想在此引用一句中国格言，我觉得它所表现出的对人的本性和职责的理解比我们的任何类似格言都要深刻："我们行动时应顺应天意，我们说话时应考虑他

---

① 作者此处可能将十三部经误作九部。国子监中的十三经刻石碑189座，原立于东西六堂，加上"御制辟雍工成碑"，共190座。石经包括《周易》《尚书》《诗经》《周礼》《仪礼》《礼记》《春秋左传》《春秋公羊传》《春秋穀梁传》《论语》《孝经》《孟子》《尔雅》十三部，共63万余字。

人的感受。"一句孔子本人所说的更为精辟的格言是:"我们无需感到奇怪,智者在寻求美德的道路上比愚人走向罪恶时走得更慢一些;因为热情促使我们前行,而智慧只给我们指出方向。"

他又说道:"当我刚开始与人相处时,我听他们的所说,就相信他们的所行;现在我听他们的所说,还观察他们的所行。"① 然而直到今天还有男女们四处询问其他男女,"你得到拯救了吗?""你相信耶稣吗?"并将他们的回答信以为真。孔子宁可观察他们的行为。他还说,"一个完美的人从不自我满足。任何自满的人正好因此暴露了他的缺点。"② 这一建议到今天仍是十分必要。"不要为别人不了解你而忧虑,该忧虑的是你不了解别人。"③ 如果他们遵循这句简要的格言,有多少年轻男女会生活得更愉快啊!"不要与不像你的人为友。"④ 在英国,我们似乎没有对于这五种关系,君臣、父子、夫妻、兄弟和朋友间的职责的教育,所以以下的格言虽然很古老,也可能会令除我以外的其他人感到新鲜。孔子说:"朋友必须直率尖锐地互相提醒,而兄弟则应互相温和地对待。"⑤ 在这个崇尚肤浅的通才的时代,当目标经常不是为促进知识的传播而是为了隐藏无知时,转而了解一下伟大的中国人那诚实坚定的话语是多么令人振奋!他们认为真正的知识是"当你知道一件东西时,承认你知道;当

---

① 见《论语·卷三》。原文为:子曰:"始吾于人也,听其言而信其行;今吾于人也,听其言而观其行。"

② 见《论语·卷七》。原文为:子曰:"君子泰而不骄,小人骄而不泰。"

③ 见《论语·卷一》。原文为:子曰:"不患人之不己知,患不知人也。"

④ 见《论语·卷一》。原文为:子曰:"君子……无友不如己者。"

⑤ 见《论语·卷七》。原文为:子路问曰:"何如斯可谓之士矣?"子曰:"切切、偲偲、怡怡如也,可谓士矣。朋友切切、偲偲,兄弟怡怡。"

你不知道时，就承认你不知道。"① 显然，这就是言之有物的人和空话连篇的人之间的区别。

但孔子的学说似乎有一个很大的疏漏：我们从未听他用温柔尊敬的语气谈论女子。于是几个世纪以来，伟大的中华民族一直认为女子必然是祸水，是无法摆脱的肉中刺，是除了生儿育女之外毫无价值的一种生物。这与孔子是东方人或是生活在很久以前毫无关系，因为另一位东方人，达什曼多王（King Dushmanta）在《摩诃婆罗多》中写道："女人是男人的一半，是他最好的朋友，是所有快乐之源。女人及她那温柔的话语，是孤独中的良伴，是苦恼人的母亲，是茫茫人生旅途中的甘泉。"在欧洲找不到比这更美的对女子的赞颂了。孔子错过了上帝在男人身上取下这部分的重要启示。当被问及未来和精神生活时，他也承认了自己的无知。而从此以后，伟大的中华民族一直保持这种无知状态，只能有时从佛教、有时从道教、有时从对鬼神的膜拜中、有时从迷信活动中寻求安慰。所以几个世纪以来，孔庙总是威严伫立，雄伟壮观，受到无比尊崇。学者在这里漫步，谈论学术观点的异同，但没有人在此为其不幸寻求安慰。为后者，人们必须求助于中国的宗教寺庙。在孔庙的殿堂里，讲述的只是伦理规范。我经常希望我们也有一套终年得到讲解的伦理规范，应用于商业交易和家庭关系。对它们的无知和缺乏思考使众多人走入歧途。普通人（孔子所指的小人）不会因顿悟而理解高尚的伦理道德，然而，如果解释给他们听，他们可能还是会遵守的。

---

① 见《论语·卷一》。原文为：子曰："知之为知之，不知为不知，是知也。"

第十四章　钟楼鼓楼

一天下午，我独自短暂地拜访了一处传教士驻地。在1900年的义和团事件中它被夷为平地，连地基都被翻了起来，但如今又重新变成北京的一个著名景观了。在回家的路上，我发现自己正在鼓楼附近。

在所有的中国城市中，鼓楼都被安置在中央，但北京城如今的城墙东西之间较元大都时代短很多，于是鼓楼所在的老位置反而靠近紫禁城的北墙，墙内那一片闪光的宫殿才是城的中心点。虽然建于元朝，它的风格却相当中国化，因而不像邻近的钟楼，保持了它奇特的中世纪的蒙古风格，成为北京的特色景点之一，最容易成为画家的素材。因为从鼓楼可以俯视钟楼，这就极大地增加了人们登临的兴趣。不过它本身也是很好的景观。我登上长而陡的楼梯，它绝对让人感叹如果真能实现俄国人的理想该有多好。俄国人是这么说的："登上梯顶却不必攀踩梯级。"转过一两个黑暗的拐角，出楼到了绕楼的回廊上。黄昏的阴影降得极快，当我出去时，惊起了无数歇下来过夜的燕子。它们开始绕楼盘旋，煽起阵阵扑面的疾风。

在鼓楼的第一层就能看到四周的美景。往西是一片旷地，前长老会建筑的遗迹，一湾浅湖。往西南是一条柳树大道，通向恭亲王府。再过去一英里远是 1860 年囚禁过巴夏礼[①] 爵士和罗亨利[②] 伯爵的寺庙。此庙为一太监所建，叫作高庙。他们被囚禁的日期不久前还能在墙上看见。那是他们手写的：9 月 29 日至 10 月 7 日。从西北方向也能清楚地看到环抱北京的群山，还有八里庄塔、天宁寺塔及舍利塔。

朝南我遥望那一组簇拥在紫禁城北门的禁苑宫殿，那一条笔直地通向它们的宽阔的大道，真希望在 1901 年我们外国人在那里可以自由地闲逛的时候，我更仔细地观察了一切。但是细致的观察必须要有预先准备的大量知识才行。康德[③] 不是告诉我们说，真正能细致观察的人一定要有预设的理论吗？而我当时一无所知。

很遗憾地我转向北方，俯视那简朴而又美丽的钟楼、城墙外的黄寺，再越过大校场及那一座露天工厂。后者使得进入前者相当不愉快。越过城墙，那儿矗立着地坛，祭祀期间布设的篷帐是明黄色的，衬着汉白玉底，其视觉效果远比美丽的天坛那儿的蓝色篷帐要好。在城墙之内，我看到了绿树丛中的雍和宫、国子监和孔庙。城墙上的塔楼耸立在空中。在这一群建筑和我的视点之间以及塔楼周围，延伸分布着整个巨大的内城。

---

① Sir Harry Smith Parkes（1828—1885），英国外交官，第二次鸦片战争的关键人物之一。

② Henry Broughan Loch（1827—1900），英国人，作为英法专使额尔金勋爵的私人秘书在进攻北京的路上与巴夏礼一同被囚。

③ Auguste Comte (1798—1857)，法国哲学家。

在北京有差不多 50 座府，或叫宫，其中最主要的是 8 个世袭亲王、或叫铁帽子王的。他们取得这一封号是因为在开国的征战中立下了汗马功劳。艾约瑟博士告诉我们："一座府前定有两尊大石狮，一间供乐师和门卫用的小屋。大门上挂着匾牌，上镌该亲王的封号。进入高大的门道，访客就到了一个四方形的天井，中央有碎石道，通向大厅。在举行仪式的日子，家奴和仆从就是在这里列队，向坐在大厅里的亲王——这一府的主人——行礼。皇帝的儿子都有资格得到一座府邸，并传三代，每一代都依次降一级爵位。等他们的曾孙降到了低于公爵的级别之下，他们就不能再在这种至今还属于他们家的府里居住了。它被归还皇帝，而皇帝又再把它赐给他自己的儿子，或在女儿出嫁时赐给女儿。"

我伫立着沉思这些豪华的府邸中可能会是怎样的一种生活方式。真有点不可思议，我们都想往富贵，却又都真诚地相信，在所有国家内，贫穷而勤奋之人比富有而奢侈之人的生活更高尚。我们可以说一个贫穷懒惰的逃差人的生活，恐怕跟以下之人的类似。这一阶层的人必须想出新奇的晚宴菜单来适应他们骑马贵客疲累的双颚，或者在伦敦某家大旅馆的大院里备好流水小艇宴客，或者甚至觉得在威尼斯也有必要营造出小型的撒哈拉风光，让客人倚靠在棕榈树下作乐。我们不妨拿富有而又勤劳的人来客观地对比好了。一个造楼阁的工匠，尽心工作了一定的时间之后，回到自己家的温暖怀抱里，尚有精力和闲暇；而一个内阁成员可能永远也说不上有一分钟属于自己，从一个政治会议飞到另一个政治集会，直到凌晨为止，只能奢望周末能够休息和自省，而这正是他的生活方式从来就不允许他拥有的。难道我们不能说前者的生活比后者更可取吗？

站在鼓楼上，你的眼睛不可避免地会转向前传教士大院的废墟，然后时光流转，体验 1860 年被囚禁和刑求的、有些更被拷打致死的英国人的感受。聊可安慰的是，身在东方似乎使得我们的痛苦感不那么尖锐。但是想到那些年轻、强壮的士兵和记者，为维护自尊和生命的快乐而议和，却突然地被一个他们认为远为低级的民族投入监狱并严刑拷打，你的心还是刺痛不已。想一想吧，尽管这个世界上有丰富的美好事物，生活还是常常充满艰难困苦。人生无数巨大的谜团之一便是，为什么我们人类老是还要以战争和残忍把别人的生活变得更严酷呢？

鼓楼里面黑洞洞的大厅内曾经有一个滴漏报时辰。那是四个大水桶，底部有一个小眼让水一滴一滴漏下，水平面的高度于是就指示出时间。这些古老的水桶后来被线香取代了。香的长度以同样的方式报告时间，在缓缓燃烧的同时还释放出缕缕馨香。它们如今又被一座非常普通的时钟取代了。不过一只巨大的皮鼓依旧矗立在二楼正中，它跟钟楼的大钟一起在夜间的五更按时敲响。中国的钟不像我们的那样敲打，而是从外撞击。

有一个关于铸造这座钟的美丽传说，司登得①先生有详细叙述。一个官员名叫管由（Kwan Yu），精于铸炮，于是就被永乐皇帝委以铸造此钟的重任。先后两次他都失败了，铜汁冷却之后都呈蜂窝状。皇帝告诉他，要是他第三次、也是最后一次，

① George Carter Stent（1833—1884），英国人，1869 年来华，在中国海关任职多年，编著有不少关于中国语言文化的书。

⊙ 北京的街道

再失败就会被砍头。他几乎绝望了。他有一个女儿，也是他唯一的孩子，并且寄托着他的一切希望。根据这个古老的传说，她有"一双杏眼，秋波流转，灼灼闪光，似乎欢快地跳跃着要亲吻长在河岸的香苇；又是那样的清澈透明，就像镜子一样能反映出人影。她长长的丝一样的睫毛，一会儿因羞怯谦恭而垂下，一会儿又因青春活泼而扬起，露出笑盈盈的双眼，但又马上关闭起来。眉毛如柳叶，双颊如冰雪，却又染有最淡的玫瑰色。小口半开，牙齿白如珍珠，双唇滋润，极像两颗樱桃。她的头发黑如乌金，亮如丝绸。她的身姿诗人最爱吟诵，画家最爱描绘。一举一动，婀娜多姿，凌波微步，衣不沾尘。她既工于制作花瓶、精于刺绣，又善于理家，样样出类拔萃。对于这个可爱（Ko-Ai），管由的美丽女儿，我们的描绘只能自叹苍白"。

　　看到父亲脸上的绝望，她问了之后说，这一次他的努力定会成功。可她只是个姑娘，能够帮忙的只有祈祷，白天黑夜地祈祷。她又去向一位著名的卜师求教，听了回答则更加惊恐：要是没有一位处女的鲜血混入铜液，下一次铸造还会失败！她把害怕压在心里，继续安慰父亲。到了浇铸的那一天，她跟父亲说要一起去。"庆贺他的成功！"她笑盈盈地这么说。无数的人前来观看这一次浇铸，其结果将决定管由的生死荣辱。一声令下，鼓乐齐鸣，滚滚铜液泻入预制的范模。突然一声尖叫，"为了我的父亲！"一位美丽的姑娘纵身跃入沸腾的铜流。有人试图拽住她，但是只抓住了她的一只鞋。她的父亲不得不被人强行按住，不让他效法女儿，然后被送回家里，却成了一个疯子。不过——大钟完美绝伦！悬挂起来之后，皇帝亲自站在一旁聆听它的第一次鸣响。那是多么浑厚的轰鸣啊！但是当深沉的钟声到了悠长的韵尾，听来就像一个女子在痛苦地呜咽，分明在喊着一个字："鞋——"所有的人都惊骇不已。直到今天，人们在听到它时还会说："那是可怜的可爱在讨她的鞋呢！"

为了可爱，我们登上钟楼。它由砖石构建，90 英尺高，因而比鼓楼矮 10 英尺。然而它因为被永乐皇帝重修过，就像他为北京城墙加贴一层砖面一样，带着古朴的风格，所以比鼓楼更有特色。后来它遭了火，在乾隆十年被重建，因此人们会以为它看上去相当现代。楼呈八角形，至今还在被用来报时的大钟重两万磅。

城外大钟寺的大钟是永乐皇帝所建造的十口大铜钟中唯一的幸存者，重 87000 磅又 15 盎司。被称为"钟王"的埃佛特钟[①]只重 25400 磅，而著名的莫斯科大钟从来就没有挂在克里姆林宫过，安德森提到的曼德勒附近的所谓的巨钟则重 90 吨。这口中国大钟高 70 英尺，周长 34 英尺，厚 8 英寸，内外都镌有精美而清晰的文字。它的形状相比欧式钟而言更接近圆柱形而非喇叭形，钟唇也不像欧式钟那样向内翻。它没有钟锤，而是以中国惯用的方法，以挂在旁边的一根巨大的木柱撞击。只有皇帝下令此钟才会被撞响。像克里姆林钟一样，这口钟从未被抬离地面。但是天才的中国人以无数巨木搭成架子支撑住它，然后把它底下的土挖走，这样一来它还是被"悬"了起来，只是钟唇仍然跟地面持平。

---

① The Bell of Erfurt，1497 年由荷兰工匠为德国埃佛特大教堂而铸。

从钟鼓楼下来，到了北京的街道上，思绪却因倒回几个世纪而依然紧张。在中国，你会经常有这样的感觉，你一次又一次地努力回到 20 世纪忙忙碌碌的现实，竭力忽视中国理想的"闲情雅趣"的魅力！我们真的到达了文明的顶峰吗？我们的服装满是复杂的纽扣系带，需要花大量时间来调整，由许许多多束缚构成。在看惯了宽袍大袖的中国人眼里，穿这种由破布残片连缀而成、遮东露西的东西的人，一定是穷困潦倒之辈吧？浪费时间、糟蹋材料无疑就是落后；如果有更高级的、更愉快的消遣，为蔽体之物又何必如此费力呢？

恐怕没有一个国家的衣着既这样轻松愉快，又如此受人重视的。中国男子的服装似乎已达到了方便的极致，同时又表现了一种远比欧洲的时尚更体面的风格，而且色彩丰富。不过，在中国，他们仍然穿长下摆的上衣，这在我们看来是那一批极其落伍的中年男子才有的。但是中国人至少在一点上肯定比我们更加文明。他们从来不污染河流，尽管他们的街道是藏污纳垢的泥沼。在回家的路上，你会想到很多事情，其中包括，生活当中还有比在高高的回廊里漫步、不受打扰地沉思更高的快乐吗？

第十五章　佛道寺观

人们说起 1900 年的北京之围，常常只想到使馆区而忘了罗马天主教北堂。一个年轻的法国军官带着几个法国兵，一个意大利军官率领的士兵也不多。著名的樊国梁主教和另一个主教、几个遣使会教士、圣若瑟修女会及其照看的数百名孤儿和弃婴，还有上千的中国信徒，共同忍饥挨饿，艰难地度过了炎热的夏季。

一位长着漂亮眼睛的年轻的葡萄牙修女描述说，修女们曾经常常叫孩子们排成长队，跟着她们从这一边跑到那一边，躲避炮火，直到有一天，百来个孩子被一颗地雷炸飞了死去为止。那个意大利军官也被炸了，他被埋在土里，但又被挖了出来，相对而言受伤不重。那个法国军官死了。中国信徒因伤因饥，或死或病，嘴唇和脸都浮肿，靠着树叶、更苦的月季花叶或者更难以下咽的其他叶子试图维生。我亲眼看见那些被剥了皮的树干，光秃的地方直到了可怜的骡马够不着的部分。同一个修女告诉我，她把自己所有的信都卷成了烟卷给士兵吸。"可怜的家伙们！他们都扎紧了腰带，但没有烟抽对他们来说比什么都难熬。"这个甜甜脸的南方人说。到了最后，再也没有可吃的了，大家都饿得奄奄一息。

英国使馆方向也没有了枪炮声，他们以为那儿的人都死了，而他们自己则是全北京仅存的外国人了。据他们说，北堂的门都破了，援军来时已无遮无拦，他们简直就不敢相信自己得救了。

义和团不久前就已经大获全胜，却不知为什么没有冲进来。后来他们问那些前义和团员，回答都说"因为有一条河我们不敢过。那条大河隔开了你们和我们。它吓死我们了。"最后，毫不奇怪，有关的人都开始相信这是一个奇迹，因为那儿并没有河，从来就没有。只有奇迹才可以解释他们的幸存。

在 1901 年，北堂的正面看起来真是一幅奇妙的景象。它被子弹和炮弹片打得几乎成了蜂窝。看着累累弹痕，会意识到它们就像一种电子警钟，八国的士兵来到遥远的中国，以恢复和平和秩序的名义。

在我凝视这些弹痕时，法国、英国、德国和意大利士兵，以及一小队威武的奥地利水兵正进进出出做弥撒，而在另一边，樊主教穿着他喜爱的奇特华丽的教袍，正向一些高级军官指点其他的攻击遗迹。

毫不奇怪，虽然法国人曾经拖延不进，以至于让日本人首先到达北堂，他们却没有收手自律，而是全力以赴大肆破坏。所以很快在教堂周围便出现了一长列屋宇的废墟，只有散乱的残余之物才告诉我们，过去的旃檀寺有多精美。那些雕刻残片足以作为证物。

⊙ 樊国梁主教

就是这座庙，过去每逢中国正月初八这一天，活佛就从雍和宫过来，在一座坛上打坐。他面前是一柱骷髅灯，螺号声声伴着梵唱，两百个喇嘛扮成恶鬼，在他面前进进退退，手舞足蹈。突然，他身后神龛的门似乎自动地打开了，里面一座精美的雕像渐渐显形，被无数盏小油灯簇拥着，而神龛本身也被各种各样颜色的方形蜡烛覆盖着。活佛会进入神龛，门在他身后合上，此时群鬼会比刚才更激烈地乱舞，直到人们都惊骇不已。然后突然之间群鬼都无影无踪了，没人知道是怎么一回事，但是据说是被活佛的祷告驱走了。而活佛这时就会钻进他的黄绸大轿，被抬着离去。

类似的仪式还会在正月的最后一天于雍和宫、正月二十三于黑寺和黄寺举行。

该庙的著名佛像有 5 英尺高，由檀香木雕成于周朝。据说，佛自己宣称这座佛像是天下唯一像他的，波斯王依样也造了一座，称为如来像，并有生命，会自由行走。据说它原来能按温度和时辰变换颜色，直到明朝一位太后给他镀了金才停止。康熙帝说，从此像产生到他统治的第六十年，已经有 2710 年的历史。在西方居住了 1280 年后，它自行离去到魔界居住了 68 年，然后到甘肃 14 年，西安府 17 年，江南 173 年，安徽 367 年，再经其他一两个地方到达北京。先居于此庙，然后进宫待了 54 年。后皇宫被焚，它回到此庙，一直待了 59 年。这是在元朝。到了明朝，它又重新开始漫游，但到了康熙四年就安顿在这座

⊙ 宫中庭院里的庙宇

庙里了①。

白塔寺一位喇嘛在被问到此像时，以伤心欲绝的口吻头也不抬地说："有人说它已经被烧掉了。有人说它上了天——还有人说它又开始云游四方了。"他又低声补充，虽然他自己是倾向于它升天的意见。可是据外人的眼光和它的历史来看，这座如此受人尊敬、连皇帝本人也常常礼拜的佛是有可能重现的。它的一只手指向天空，另一只垂在身侧。它会不会如今在欧洲的某个客厅里呢？

帝王庙最近刚刚重修。金黄的屋顶闪闪发光，青绿油漆鲜艳亮丽，门楼顶漆着三个一组的蝴蝶，非常诱人。它离毁圮的旃檀寺不远，在西城四牌楼西侧。任何一个可以得到参观许可的人都能证明艾约瑟博士的生动描述不错。"它建于 16 世纪明朝末期，其间供奉从古到今一切好皇帝的牌位。暴君、文学的死敌和弑君篡权者是不得供奉的。元朝的忽必烈，即马可波罗

---

① 原作者称此庙为詹坛寺，据文献，称旃檀寺，在西安门养蜂夹道迤北，旧名宏仁寺。康熙五年，迎旃檀佛，故名，有御制碑文。旃檀佛起于周代，传为西域优填王所造；传至中国，历时数千年。元时供于大内，明代供于鹫峰寺。庚子之乱，寺被毁，而佛像亦不知所在。旃檀寺的详细历史，可见《金鳌退食笔记》：佛高五尺，扣之声若金石，大抵近于沈碧，明万历中慈圣太后始傅以金。按元翰林学士程钜夫《旃檀佛像记》，佛道成，思报恩，遂升仞利，又为母说法。优填王欲见无由，乃刻旃檀为像。佛自仞利复下人间，见所刻像，乃摩其顶曰：我灭度千年后，汝往震旦，广利人天。自是旃檀佛在西土一千二百八十余年，在龟兹六十八年，在凉州十四年，在长安十七年，在江南一百七十三年，在淮南三百六十七年，复至江南二十一年；在汴京一百七十六年，在燕京供圣安寺十二年；又北至上京大储庆寺二十年，南迁燕宫内殿五十四年；丁丑岁三月燕京被火，复还圣安寺五十九年；至元十二年乙亥迎供万寿山仁智殿，二十六年己丑迁大圣寿安寺从殿。又据明万历年间，释绍乾《瑞像来仪记》，明初自万安寺迁寿安寺，嘉靖十七年寺被焚，迁于鹫峰寺百二十八年；清康熙四年，创弘仁寺迎供至此，今又五十七年矣。

⊙ 一个中国家庭的祭祖仪式

的居停主人，最初在明朝是被供奉的，尽管有异议，但后来因更有力的史家的偏见，被排除在外。这就引起了一个曾经被激烈争辩过的问题：该不该为克伦威尔①竖立雕像呢？就像一个伟大的天才和高尚的丰功伟绩得到了英国国会的承认一样，忽必烈在中国君主当中的正当地位也被新的朝代所承认。满族人把鞑靼的三个王朝，辽、金、元的开创人都加进去了，还有汉族的，明朝……伟大的征服者，成吉思汗，世界上前所未有的最辽阔帝国的创立者，也被加了进去，尽管他很少在中原，而是把他的宫廷保留在卡拉库鲁，离新疆不远，在贝加尔湖的南边。能否入供帝王庙的标准是所有过去的皇帝，除了恶君、暴君，还有那些被暗杀的以及在他们手中失去了王国的，尽管那并不是他们自身的过错。"②

白塔寺在内城西，出皇城西门即是，建于700年前的辽代。自1900年被法军占据之后就一直残破至今，寺中的喇嘛都逃到广东去了。据说忽必烈汗花费了许多金子和水银来涂饰寺中的佛像和墙。在元朝统治时期，其建筑曾被用来处理公共事务，但是如今寺中的巨大佛像和荒芜的院落看上去实在太残破不堪了，还是不进去看为妙，经过那座巨大的白塔，欣赏一下它顶上的铜伞就好了。据说塔顶曾经是以碧玉覆盖的。塔底埋着20

---

① 似指 Oliver Cromwell（1599—1658），军人、政治家，独立派领袖，英国内战时率领国会军战胜王党军队，处死国王查理一世，成立共和国，任英格兰、苏格兰和爱尔兰护国公。

② 据文献，又称历代帝王庙，原在阜成门内大街路北，明嘉靖十年建，祀历代帝王，暨历代从祀功臣。上自羲、轩，下至明代历朝帝王名臣，咸入祀典。唯无道被杀及亡国之君，则不列入。民国改元，祀典遂废。

颗念珠、2000 座陶塔和 5 本佛经。靠近塔座有 108 根小柱围成一圈栏杆，其上有古老的铁灯，每个喇嘛一盏。恐怕是因为它的富有名声太响亮，这一建筑一直不断地遭到厄运。

在逛过了这些寺庙之后，我进入一个小小的浪漫世界。很久之前，一个中国皇帝娶了一位回族公主。她不能自由地在宫城外行走。跟她一起来的还有她本族的一批移民。因而在靠近宫墙的地方为他们建了一座清真寺供做礼拜，在宫墙上还起了一座小楼，好让公主登临，坐观她本族人以她从童年起就熟悉的方式进行的活动。那座清真寺已经毁弃了，但是那个回族部落仍然存在，那座美丽的楼还能看到，这是一个慈爱的君主为他思乡的新娘建造的一个安慰所。的确，在那个没有电报和邮局的时代，公主们肯定常常感到心痛欲碎。她们是为了她们的部族的需要，被迫嫁给一个从未见过面的男人，来到一个她们自己恐怕从未听说过的地方，并要生活到死，生生地永远隔断了跟快乐童年的朋友和场景的联系。

就像在大多数中国城市那样，北京也有大量的回民。他们在同族中通婚，保持他们的清真寺和家里一尘不染，而不是像其他中国寺庙和家庭那样总是肮里肮脏，并且千方百计让妇女逃避缠脚。这是所有好穆斯林都一贯坚守的信仰，他们视改变身体的任何部分都有违真主的旨意。在边远的云南，没有多少年之前，一场大规模的回民起义被无情地镇压了。为逃避死亡的处罚，他们曾经竭尽全力接受中国的习俗，但是一经号召，他们等不及官方的正式命令谴责缠足，就教导让一切虔诚的穆斯林允许他们的妇女重新拥有一双上天给予的大脚。

在北京，除了天坛、月坛、日坛、地坛、先农坛、孔庙、喇嘛庙和回教的清真寺之外，还有中国式佛教寺庙，以及道教寺观，那里供奉老子，即伟大的老师。但是，这后几类寺观当中缺少精美之作，像在中国西部和那个传说和歌曲之乡的边境经常可见的那样。在我们目前可见的所有寺庙当中，还包括塔楼高耸的罗马天主教堂，俄国东正教堂。较小的英国圣公会教堂和小礼拜堂，其中不说是全部，至少也有许多是属于新教各派的。

在一切时代，人们尝试用许多方法来拯救人类超脱物质世界，而只有到了 19 和 20 世纪，才有可能在同一民族身上同时试验所有的方法。

神智学家和唯灵论者会在中国发现他们的源流。按传统说法，中国最神圣的书都是由一种原始的扶乩方式书写出来的。在中国，人民的团结一致不是因为害怕死亡，而是因为害怕鬼怪。这里当然有无数的相士卜师，他们不是摸头盖骨就是看手相。欧洲如今也对这类东西感兴趣了，但在中国则是源远流长的事。多少世纪以来，特别是道士们，一直在一种迷信上又加上一种迷信。就是他们，再三地被认为拥有长生不老之术。由他们的引导，一位皇帝在差不多两千年前，来到烟台附近的一个海角，遥观沧海，发现了一群福岛。海上确有无数石岛，一座接一座延伸到天尽头。当蜃景出现时，这种情形并不少见，这些岛屿就高高地升上天空，所以不要多少想象就能让人相信它们是天上仙境，而只有坚定的、有节制的常识才能叫人信服它们不过是人间的东西。

一个优美的古代传说讲，一大批童男童女相信这些是福岛，便出海移居。他们向东再向东航行，最终到达了我们如今称之为日本的列岛。根据这个传说，日本人就是这些勇敢而热情的先驱者的后代。他们通过壮烈地突破物欲的网罗而达到了长生。

中国人在寺庙及其相关的各种行业和仪式上所花费的金钱有多少回报应当引起极大的兴趣，但我至今还没看到。单单在烧给死人的镀了金银的纸钱，或者以同样的方式焚烧了为死去之人提供所需的纸屋、纸马，妻子和臣仆所花费的金钱就一定是笔大数目。花在香烛上的钱也肯定不少。加上一切在生日和丧葬、婚嫁以及其他生活中的重大事件上所耗费的，这个国家的命脉似乎就是以这种方式被抽干了。牺牲的花费恐怕不算特别大，虽然在北京一地，每年被宰杀了作为牺牲的牲畜一定也有成千上万头。但是在试图叫他们改信一种更高级的信仰的时候，我们应当千万注意，不要仅仅把他们从他们的一种迷信引导到我们的一种迷信。他们如今不是一个不为自己的信仰付出牺牲的民族，他们的宗教跟他们的生活密切相关，而我们的，天哪，则不然，就连餐前餐后的感恩祈祷也在逐渐消失。我们当中不是有很多人无视支配我们生活的上帝而年复一年地活下去的吗？

在英格兰，我们能找到带小教堂的俱乐部吗？而在中国又有哪个俱乐部不带一个小教堂呢？

第十六章　除旧布新

我坚信，如果现在的传教士们选择像当年在俄国那样，如果我记得不错，让皇帝和庶民们一起在河里受洗，或者像早期的使徒时代那样用洒水礼，给区区几十个人受洗的工夫，完成上千个中国人的洗礼都不是不可能的事。他们如此耐心或许自有道理。但时代不同，人也不同。毫无疑问，有的中国人因崇高的信仰而入教，有的则可能出于不同程度的对神的敬畏之心，再往下，最悲惨的莫过于那些只是希望借此在诉讼中得到点帮助的人。现在是时候该考虑这个问题了：如果中国变成一个基督教国家，我们计划做些什么？不管是从艺术的角度，还是古文物保护、公共卫生或者宗教，这个问题的重要性都毋庸置疑。

当这一伟大时刻到来的时候，那些有幸受过大学教育、更博学有修养的传教士们，准备怎么处置寺庙、道观及路旁的神祠呢？它们是中国人无比单调重复生活中的绿洲，不仅装点了那么多风景如画的胜地，还提醒人们在俗世之上还有神灵的存在。这些寺庙大多建筑精美，年代久远，有郁郁葱葱的林木环绕。它们同时也是珍稀树木的保护者。我还记得一座庙里至少

⊙ 圣树银杏

有两株楠树，年代可以追溯到康熙朝。高高的树干直到 30 英尺高都无分杈，底部的树皮满是深沟，有些枝丫穿过通常平展的树冠，直直向上，景象独特。这一切让人不禁感念起那位栽树的老圣人。参天的古木真是这些宏伟庭院的绝妙点缀。相邻的寺庙大院里有一株银杏，入秋以后满树金黄的叶片熠熠闪亮，同样壮观，树龄也大约相同。两座庙都有树林环绕。在这个急功近利的国家，许多地方的树木都砍伐殆尽，除了给古庙遮阴的这些。寺庙也是村民们闲聚之所，很像英国的酒馆。人们在这里见面，喝酒吃点心，放鞭炮，节庆时舞龙舞狮，举办酒宴，处理各种村务。

照现在的规矩，一旦某人变成基督徒，他的传教士老师会立刻命令他终止对寺庙的捐献，以及与寺庙多少相关的各种节庆活动的资助。这种赞助的停止，以及随之而生的隔阂，恐怕是造成仇恨基督教情绪的大部分根源所在。试想一个乡村会社的成员眼见其会友一个接一个地放弃会籍，转而加入反对团体，心中是什么滋味！要是这些人又拒绝缴纳乡费，遭一顿严厉的斥责恐怕是免不了的。一切乡费在中国都是自愿交纳的，且跟宗教相关。

随着越来越多的人皈依基督教，寺庙道观必然会日益窘困。难道我们希望或有意让这些建筑日渐颓圮，变成废墟？难道我们期待它们被粉刷一新的教堂取代，浑厚的佛钟让位于清脆的欧洲钟吗？乡村的集会将到哪里去举办？难道我们会在中国各地建小酒馆或酒吧，就像为那些来华水手建的一样？中国古老森林的最后幸存者，那些参天的古木，也会随其他圣迹消亡。难道我们就允许它们在伐木人的斧头下轰然倒地？难道我们可以眼睁睁地看着这些人类最古老文明的遗迹被轻易抹去，同时却为威尼斯钟楼的倒塌哀悼不已吗？

当然啦，如果这些寺庙和林木本身是罪恶的，或者与那些罪恶之物密不可分，与其继续污染这个已经污秽不堪的世界，让它们统统消亡要好得多！寺庙里当然有佛像，它们造来就是为了供佛的。对这些佛像的崇拜也一定是以某种形式在进行着。至于到底是什么样的崇拜，我们很难准确地想象。"我以我的身体来崇拜你，"连一个英国丈夫也这样对妻子说。在中文里，"崇拜"的"拜"字跟"拜访"的"拜"字是一模一样的。中国人既说"拜"菩萨，也说"拜"访客人或朋友。各种各样的崇拜之间，在程度上一定有区别，而这种程度之别犹如色度之差，需要技巧才能分辨。即使这些寺庙和佛像都是恶，难道就不可能从中发现善的精神吗？

想象一下这个最实用主义的民族，所有的寺庙和树林都被夷平，没有路边的神祠作为精神寄托，他们在戏院或饭馆——我们可以这么称呼它们吗？——所得到的享乐被剥夺，他们筹措丧葬费用的手段，储蓄会，等等，都要被重新设计，这是一幅多么可怕的景象啊！伦敦南部的平原地区和那些单调而千篇一律的某些部分，以及我们英国城镇的郊区，一时都一起伴随这句话回到了我的脑海："那人最后的景况比先前更不好了。"①

如今不正应该是作一些宏观规划的时候吗？这样才能将这些美丽的、大多深受中国人崇敬的寺庙回归它们的本来用途。

---

① 语出《新约圣经·马太福音十二》。

我们已经有了教会的指示，在某些省份改庙为校，而且大多已完成。但是许多寺庙地处偏僻，有的更在荒山绝顶之上。与其视这些寺庙及其所供奉的佛像为邪物，因而需要以钟钹、经书和蜡烛驱邪之后方能为基督徒所用，难道不能让这些现成的机构物尽其用，恰如它们原本就是的那样，用作祈祷、教学、娱乐及其他一切社会和慈善功能吗？或许也可以把它们变成公共图书馆，那一定会非常成功。而路边的神祠或许也能以同样的方式，改造成这个人口众多的国家绝对是非常需要的祈祷和灵修冥想的场所，是不是？日本教会和在日本的英国圣公会不是已经禁止烧毁佛像，认为为了皈依一种更神圣的信仰而亵渎任何在此之前仍被尊为圣物的东西并非正途吗？如果这是正确的话，它不正好指明了基督教将来的行动准则吗？

我提出这些问题，意在帮助公众对这一主题形成健康的观点。

第十七章　遐思一缕

结束了前一章的评论，能否允许我插入一段简短的思考？那些对此不感兴趣的读者可以略过不看。刘易斯·莫里斯[1]在他最朗朗上口的诗歌之一中问道：

当理智尚未成熟，
一切怪事似乎都是真实的。
人类所知的信仰在哪里？

然后他自己答道：

古老的信仰越加普遍，
越加纯粹和越加荣耀，
并依然是我们终生的引导。

---

① Lewis Morris（1833—1907），英国诗人。

没有什么东西曾经存在，

星移斗转，而不再能看见，

会消亡流失，因为上帝的旨意，

我们人类应当使之实现，

永远长存。

尽管我完全接受这么优雅地表达出来的深刻的真理，我认为一位英国访客应一位中国方丈所请而写下的一篇短文，非常合适在此重述。文中描述的寺庙始建于汉朝，位于一个风景优美的所在，被参天古树所环抱。

来自远方的困顿旅人，饱受了瀚海的颠簸，高山的崎岖，

城市的疲累，市场的喧嚣，商贩的争吵，官员的无谓夸耀；

厌倦了旅途，腰酸背痛的马匹，大汗淋漓的苦力；

厌倦了旅舍，它们的吵闹，它们的肮脏，它们的多腿的牲畜；

思念妻子儿女，渴望家庭和朋友。

"去吧"，一个中国朋友说，

"去龙泉（Lungchang）寺休养吧。"

又苦又累，我启程去那个胜地，神秘的"龙的穴巢"；

骑一匹中国的马儿，蹚过淹没马蹄的泥沼。

居此"花园"四十年，我游访过无数寺庙；

有些困窘经年，只剩断壁残垣；

有些香火旺盛，却因朝香人众，无比喧闹。

进门情怯，在此我也能找到安宁？

我转身离开泥泞的大路，看见郁郁葱葱的树林；

涨水的河上架着古旧的多孔石桥。

时值炎热的八月，酷暑即将终结；

灰头土脸，汗水淋淋，我迎向高墙的大门。

门开三重，漆成深红，

我驱马穿过杉树夹峙的甬道，两旁是黄脊碧瓦的楼阁，

进入宽敞的庭院，宽大犹如皇帝的宫殿。

寺院和尚慈祥和善，礼貌谦恭，

他的名字叫"升星"，他的神情虔诚。

迎接我的是新鲜野蔬的盛宴，营养丰富而无任何血腥；

佛园采来茶，冲上清澈的河水。

我心定气闲，神思安宁。

我在这寺院居留五天，每一天都将被永远珍惜。

与有道高僧交谈是美妙的，佛祖的规训也是美妙的！

耶稣的教导不外乎爱和责任、同情和怜悯。

比较两种教义，二者我们都会力求追随！

祈求一个更好的时代来临，当佛教的真义成为温和的教义；

而基督教的希望和信仰，应当使我们的人民心肠变软，

直到普遍的和平像笼罩龙泉的寺院一样笼罩大地。

回到现实的世界，甜蜜的悲伤在离别时充盈我心。

我留下这一篇议论，尽管无力，却出自内心，无比真诚。

我祈祷上苍降福于这位有道高僧——

保护这珍贵的宝藏、诗歌和圣人的遗迹！

愿它神圣的题刻永远免遭劫难，犹如他们在过去的久远时代！

愿这位旅人永远记得他在龙泉度过的安宁时光！

愿龙泉的僧人记得这位来自远方的旅人！

人们千万不要误会，我在此绝对无意贬低传教士的工作。为清楚地表明我的立场，我在此引用已故的约克郡大主教汤普森博士[①]的简洁诗句：

互相竞争的教义吵嚷不息，

而基督徒憎恨抱怨和嘲讽，

耗神费力：需要的是爱，

从上帝到凡人，在他六十六岁的年纪。

时已入夜，光线黯淡，

蜡已流尽，燃到了烛底；

护士说，"是该走的时候了，

时钟已敲了六十六记。"

但是爱和使命，一如往昔，

和着世界跳动的脉息；

这世界，尽管有了上千岁，依然年轻，

可我，已经到了六十六岁的年纪。

---

① William Thomson（1819—1890）。

　　我极其不愿引起任何干劲十足、刻苦耐劳的传教士的不快。就在此刻，我眼前就浮现出他们中的一个的形象。这是一个典型的传教士，美国女教师，正如她在家乡被称呼的那样。她的形象至今还没被正确地描述过。她的双眼充满了爱意，整个表情闪耀着热情，而直板身材的每一根线条都显示出她对秩序和规律的重视，瘦削的双肩后挺，又昭示着她的权威地位。一代又一代的中国女性将在其教导下成长，并铭感她的功绩。如果我有能力按我所见来描绘她，她难道不正是一个追随善良而有教养的英国女前辈足迹的伟大典范吗？她们立志攻克中国语言的难关，将不仅仅是我们英国教育的萌芽、也包括其高级的分支，传授给非常聪慧但缺少训练的中国女子。

　　她的身旁站着一位女医生，脸色相对灰暗，工作过度，疲累不堪，但双手握有治病救人的利器。在她们两位的身旁，又围绕着一大批男子。他们尽管常常遇到挫折，有时甚至是致命的打击，却仍然不屈不挠地坚持自己的目标，将伟大的中国训练成熟，以便在缺席多时的世界大家庭中她的位置上扮演应有的角色。他们当中有勇士也有懦夫，有智者也有傻子。但是在他们中间，你很难发现一个人不是被强烈的要提高这个他们不远万里来居住其间的民族的热情所驱动的。那些在中国居留多年者看惯了被这种精神指引的人，他们初看之下很像土头土脑的流浪汉，或者发了疯的空想家，但最终显示他们乃是伟大的教师或者传福音的使徒，被这块土地上最尊贵者所尊崇，被众人所仰望。

　　可是人们仍然在问：传教士的工作对中国有益吗？有些当然无益。但是我们因此就能怀疑其他的人吗？他们是那些仍然牢记"神示由光明的照耀而日益彰显的人。是神示的意义——一种可能为人所理解的意义,被要求理解了之后去完成神示所要求的目的,而此目的只能是在被理解之后才能完成。它不是额外的一种神秘,而是对神秘的解释——一种要求它出自我们的良知,并由其引导的解释。它不是为要求对权威的盲从而被宣示于人的,而是以解释来诱导信仰,以给予理由来使人相信。如果不是在这种意义上被接受,我们就误解了神示的性质和目的。但是又有多少时候人们做对了呢?"

我引用的是已故的尤因主教的话。他还写道——

以无穷的同情,基督教教义告诉我们:"你们要信服上帝"——信服有关生、死、劳作、痛苦的一切律法,甚至魔鬼的遗传。相信主,因为万物由他而生,万事由他安排而各就各位,他最终将带来并永久建立善战胜恶的牢固辉煌。要信服,因为基督,你的主和兄弟,已经接受了至高无上的、最慈悲的天父的一切条件,被委派来管理和改善上帝的子民。不要怕任何东西,只是不要失去对创造了你的他的信任,不懈地追求最终沐浴他的天恩。

由启发了以上文字的精神所驱动的男男女女是不大可能于世无益的,不管把他们置于何处。

北京不像伦敦,有充裕的时间,或是在庭院的枝高花繁的树下,或是在皎洁的使一切都明亮而美好的月光里,慢慢梳理这一类的思绪,直到我们忘记身边还有尘土和腐败,而所见的繁花只不过是我们的幻觉。

第十八章　贡院风俗

在正常意义上，这是一大片小牢房，却被错误地称之为考试院（贡院）。它离我家花园并不远，但在义和团事件中遭了灾，一切可以拿走的东西都被盗窃一空。在过去，汲汲于功名的士子，大约有一万名上下吧，都拥有举人的学位（中国的第二级学位），每三年一次齐集于此接受进士学位的考试。考得第一名者取得会元的头衔，自然被尊为这一万名学生，或者说全中国最聪明的那位。接下来，皇帝会任命几个大臣来考这些刚中了进士的学生，并从中挑选出才智超群者约200人。这200来人又经过一轮考试，主考官会从中选出10名作文和书法二者皆优者。书法在中国是学术的一个特别分支，其丰富的艺术技巧表现在一个字的点画之中，犹如绘画。这10个人的文章被制成册页，进呈皇帝亲自审阅。他会在这当中选定3人给予最高的官方学位——第一名状元，第二名榜眼，第三名探花。在中国人看来，他们从此就获得了登上最高官位的资格了。

中了学位的人家门厅里会挂上写了金色大字的捷报。中国人热切期望子孙取得功名，按风俗会给第一个上门报告他们儿子中举的人赏几块银元。第二个报喜的人也有赏，只不过比第一个要少很多。在 1885 年，有一伙人决计利用这种习俗乘机抢劫。他们有的身藏利刃和短枪，有的拿着在会试期间照例有售的报单，上面列有中举士子的名字。还有一两个人拿着爆竹，以备在适当的时候燃放。准备停当之后，他们一行来到一个何姓人家，这家住的街倒是有个好名——五福街。走在最前面的人敲门报喜，第二个紧随其后，递上喜报。一伙人都进了门之后便露出了真面目。他们亮出武器，威胁说谁出声就杀了谁，然后将房子洗劫一空，劫得价值数千元的财物。离去之时他们的报喜之声还喧闹不绝，到了门口又放起了鞭炮，从而迷惑了街坊邻居，在伪装的合家喜庆的混乱之中溜之大吉。最不幸的是，何家这一年并没有一个人中举。

　　这种举国上下对科举考试的着迷恐怕比我们对德比① 的狂热还要有过之而无不及。由此可以想见，因为 1900 年的排外运动而导致的赔偿判决——5 年之内禁止在直隶省首府北京和邻近的山西省府太原举行会考——对人们的打击有多沉重了。只有 7 省允许照常会考，其他 8 省禁止会考一年。这对这些省份的士子来说打击更大，因为他们无法去其他省参加考试，而只有耐下心来等待，如果能忍得住的话。甚至取得做官的资格，也要经过漫长而遥遥无期的等待。这是欧洲各国政府要求的对中国的惩罚之一，以补偿他们的公民在中国遇害的不幸。

　　如今，在北京这近万间被废弃的号舍里漫步，真叫人感伤，

---

　　①　指一年一度的赛马，特别是三年一次大的马匹竞赛。由爱德华·斯坦利——第十二任德比郡郡主（1752—1834）创立，故有此名。

⊙ 孔庙中的牌位

不过恐怕这里从来就不是让人愉快的地方。这些不幸的士子要被关在里面一天两夜。号舍跟省级贡院里的一样狭窄，没有一点可能让人躺下或伸展躯体。一块木板当坐榻，一块当书案，这就是他的唯一享受了。由此可见中国人的向学之心有多强烈，他们的忍耐力又多么令人惊诧了。这个国家的子民就是一贯以这种忍耐力来应付遭遇的一切不适的。如果有考生在考试期间死了，这并不罕见，就要在墙上打个洞，把他送出去，因为尸体是不可以进出大门的。在芝加哥举行的世界宗教代表大会上，附带奖励了3篇有关儒教的最佳论文和3篇有关道教——中国更古老的一种宗教的最佳论文。有意思的是，最佳儒教论文奖给了孔宪和（K'ung Hsien-ho），他是圣人孔夫子的直系后裔；而关于道教的头奖由名叫李宝元（Li Pao-yuen）的人获得，他恰巧和道教的创始人老子同姓。

邻近贡院，在东城墙的南头，原本坐落着13世纪的天文仪器，1900年被德国军队劫走了。它们并无科学用途，但具有极大的美学价值，尤其是当它们屹立在原址，雄视着的不仅仅是天空，而且还有四周的旷野时。映衬在北京清澈的天空下，它们本身就是旅行者首先要观赏的目标之一。许多人认为中国人并没有给予它们应有的重视。其实不然。有一天我独自面对着通往城头的匝道根上已残破不堪的小小的观象台，我悲哀地凝视着原先端立在此的十分精美的仪器的残骸——有一件我记得是星盘（浑天仪）——仪器都已被起出搬走了，尽管按照中国人的想象，组成这些仪器的盘龙都是被拴住了的。就在此时，一个路过的挑夫出其不意地停了下来，跟我攀谈。"它们曾是多美的龙啊！真可惜，是不是？"中国人，尤其是那些受过教育的和上层士族，并不爱流露感情，只是偶尔才摘下面具。一旦如此，人们就会惊诧地发现其下所隐藏的炽热的感情。

有一次我坐船离开码头与朋友告别。一个年轻小伙子从我身边跃前一步靠近栏杆，冲着岸边的什么人挥手致意。他大声喊道："再见，某某先生，再见！"对方没有听见，他又再次喊叫。这些语句再简单不过了，但是我从未听过它们能表达出这么狂热的欢欣。过去了好几个月，回想起来，我还能感受到他的激动之情。小伙子穿着西装。后来我得知，他勤学苦干了很多年，才攒下足够的钱去英格兰深造。一想到他那狂喜的声调，我衷心祝愿我们那些较为温和的老乡会对他多加同情和鼓励。人生中恐怕没有什么欢欣可以比得上小伙子在大喊再见时所表现出的那种满怀期盼、欣喜若狂吧。

为教育中国的年轻一代已尝试过许多方法，他们被送往英国、美国、德国和法国求学。现在，在本土接受教育被认为是最好也是最经济的办法。除了由教会主办的以外，中国政府自己也开设了许多大学和学院，后者在今后的许多年里很可能主要由日本人来管理，他们已经在指导中国各地的军事院校了。日本人曾在上海有一所很大的学校，长期培训大批日本年轻人学习中文和通过教官资格考试。跟中国人一样吃米饭，他们可以跟学生共用食堂，比吃肉食的欧洲教官便宜很多。而相同的书面文字、实际上日文本就源自汉字，也给他们最初的优势，使得其他国家在教育市场上几乎无法跟他们竞争。这到底是祸是福还是个疑问。目前欧洲似乎占有优势，中国人能从日本所

学的有限。中国人说："人算不如天算。"而我们必须记住笛福①
的预言："如果莫斯科的沙皇攻打的是不爱战的中国而非爱战的
瑞典，他恐怕就会取得辉煌的成功了"，因而将其暴虐统治扩展
得更远，并构成对和平、发展和自由的更大障碍。

　　既然上了观象台，我们就应当沿着雄伟的北京城墙墙头再
走走，至少走那么一小段吧。对在北京的外国人来说，这些墙
头是极佳的散步场所。而照规矩，中国人是不许上去的。这里
不仅可以远眺绝大部分都非常美丽的景色，而且还避免了墙下
街道上的种种不愉快。因此各国公使馆的人员都乐于登墙散
步——当然啦，有许多国家的人从来不会仅为了享受散步的乐
趣而散步——相约完成夜晚的健行。漫步城头，举目四望，人
们很难不想起义和团事件，即使那些对该事件并无特别兴趣的
人也该读一读一份发布于 1900 年春的重要传单。据说传单是在
中国的乩仙帮助下写成的，其内容由一位古代的名人洪钧传达，
并得到了其他古圣贤的认可。据说它是自端王府流传出来的。
端王是当时王位继承人的父亲②。传单写道：

　　年年有个七月初七日，牛郎会亲之日，众民传到此日之夜，
家中老少不论男女全要红布包头，灯烛不止，向东南方上香叩
首三遍，一夜不许安眠。如若不为者，牛郎神仙不能降坛，亦

---

①　Daniel Defoe（1660—1731），英国著名作家，《鲁滨逊漂流记》的作者
从未到过中国，但发过很多有关中国的议论。

②　端王载漪（1856—1922）的儿子溥儁曾于 1900 年被册立为"大阿
哥"，准备接皇位，因中外舆论反对而中止。因此端王积极支持义和团，反对
外国。

⊙ 天文仪器

不能救众民之难。传到十五日一为此。自八月初一至十五日众民不许饮酒，如若饮酒一家老少大小必受洋人之害。九月初一与初九日为月之首，初九为重阳之日，必将洋人斩草除根。众民不许动烟火，如若不遵者闭不住洋人之大炮。至十五日众神仙归洞。七月初七日、十五日，九月初一日、初九日，此四日不许动烟火，多言示尽此单，千万千万诚信，众善人急传一张免一身之灾，十张免一家之灾，百张免一方之灾。①

近来英国上下似乎对扶乩、凭神示和手相术预测命运之类的玩意儿大感兴趣。岂不知所有这些都已经在中国使用了好几个世纪了。尤其是在道士当中，他们一而再再而三地宣告发现了长生不老之术。或许有必要补充的是，至少直到 1882 年，中国人还普遍地相信有神奇的隐士居住在一座深山之中，此山从北京延伸出去，跨过直隶，直到山东。在那儿有一座神峰，叫作百花山，山上遍地野花，满谷灌木，狐豹出没其间。据传说，修道人居住在半地下状态，经过长期的与宇宙的绝对调和，他们求得了长生不死，如今正享受着人间没有的清福。以道家的术语来说，他们皆栉风沐雨，双臂合抱，指甲长到绕颈。花草在他们身上扎根，茁壮生长。人们走近时，他们以目示意，口不能言。野兽不侵，因为他们已经与天地一体。他们有些已300 多岁，有些只不过 100 来岁，但都达到了不死之境。总有一天他们会发现他们的肉体已耗尽，终于脱离了凡世而消于无

①　此段摘自《义和团史料·义和团乩语》（中国社会科学出版社，1982）。比较内容，可以断定英文译自这一乩语，尽管小有不同。

形，而他们的精神则获得了自由。

这一类的信仰在许多国家里都普遍存在，但是至今还没有人看见过这些修道之士，正如至今还没有人在西藏发现过任何圣人一样。

再说较为实际的日常之事吧。如果有哪位读者能告诉我，乌头①能还是不能像人们以为的那样，被中国的盗贼用来使人窒息，或者迷倒人，我将感激不尽。人们都说中国的盗贼会混合一些据说能令人窒息的药物制成香，点燃之后，通过一根管子，插入挖好的小孔——这对以纸糊窗门的房子来说不是一件难事，吹入要盗窃的屋子里去。屋里的人于是就被熏晕过去，或者至少丧失了说话和行动的能力，于是盗贼就进去干他们的勾当。被盗的屋主眼睁睁地看着强盗行窃，却不能移动四肢也不能活动舌头。据说清水能化解这种毒，所以有钱人家睡觉时常在床头放一盆清水。

每逢夜色迅速降临的傍晚，匆匆回家的人就开始担心碰上盗贼了。在大型中国公馆的四周有太多阴暗角落和曲曲弯弯又黑咕隆咚的小胡同。而在炎热的夏季，人们不可能紧闭门窗。跟许多在华的外国人一样，我们也被抢劫过一次。当时也不知怎的被弄得迷迷糊糊，而同时家里也被翻箱倒柜，搜索一空，虽然结果似乎还不算太坏，不像有些朋友。有一个妻子正在发高烧，突然对陪伴在侧照料的丈夫说："哟，亲爱的，我看见有个人从窗户进来了！"其夫瞌睡正浓，已被长时间的照看耗尽

---

① 毛茛科植物，主根含乌头碱，有毒，供药用。

了精神，安慰她说："噢，转过身去吧，那样你就再也看不见他了！"第二天早晨，他们发现家里被洗劫一空，他们的婴儿还睡在摇篮里，脸上盖着一方手帕。在中国，这种先让人入睡，然后不慌不忙地搜集自己想要的财物的方法很普遍。问题是他们是怎么做到的？欧洲人通常都不愿意相信女孩子被人下药迷倒、不知不觉被人带走的故事。可是为什么在别的地方很容易就做到的事在欧洲就不可能发生呢？

第十九章　父子学生

有一天，我们在北京的街上碰见了以前认识的一对中国父子。他们说想拜访我们，几天之后果然来了。他们的小故事，就其现在可以讲述的部分而言，具有十足的中国特色，值得记录在此。这位父亲多年来以教书挣一点微薄的薪水养家糊口，同时，在30年里不断上场考试，以求得举人的功名。这个学位相当于英国的硕士。但是据我所知，在自以为高贵的英国，它是可以用钱买到的，而在腐败的中国，它却只能靠苦读考取。这个可怜的人儿失败了6次。然后我丈夫结识了他，并从此有幸资助他上省城考试的路费和食宿。那个小孩神情严肃但脸色红润，有着中国男孩天真无邪的圆脸，讨人喜爱。他常常跟大人一起来访，我们总是给他点心吃。到了12岁，他已能靠春节时给人写贴在大门上的字幅（春联）挣钱补贴家用。他的书法小有名气，那年还在街上独自摆了个写字摊。他看上去仍然是个孩子呢。我们虽然对他的成功赞赏不已，但也有几分可怜他小小年纪已经要做工谋生。我们一直认为他会长成一个聪明快乐的人。

　　今年终于迎来了三年一次的考试，我丈夫却拒绝再资助这个可怜的教书先生了："你已经是个秀才（相当于学士）了，该知足了。为什么要浪费你和你朋友的钱第十次去争取你永远也不会得到的东西呢？你的年纪也大了，已经好几次被考试弄得精疲力竭、大病一场。好好在家休息吧！"可是这位先生回答说："不只是我今年要去，我儿子也去。所以就算是为了照料他，我也非去不可。""什么！那个孩子也要考？"我丈夫诧异道。这孩子刚满16岁。"噢，是这样。那我告诉你我会怎么办吧。你和你儿子在省城期间就免费住在我的房子里吧。"我们在省城有一所大房子，曾经是第一个由外国人拿来做生意用的房子，最近因遇到些困难被作保抵押了，因为是栋不吉利的房子，租金非常低。至今已有两家生意在此倒闭，事主都损失不菲。其中一家是由中国最高学术机构翰林院的一个成员经营的。他按说聪明绝顶，但对生意却是一窍不通。

　　这个穷先生千恩万谢，但却拒绝接受金钱，说给他们提供住处已经足够。不过，在离去时，一小块马蹄银——更像是一只硕大的顶针——还是塞在了他儿子手中。这父子俩于是就出发去跟全省的才子们一争高下。

　　那一年大约有1万到1.5万名士子参加科举考试，但只有296名会被取中。尽管如此，当我丈夫到了省城之后，便看到自家的房子上挂着字大无比的匾，说此府中有一对父子罕见地双双高中。这种金字喜报通常会挂在大门上。这座房子如今被认为完全改运了，而且照常是有理由的。

　　"你看到朝南开的那个门带来了什么吗？"那只是一个小

⊙ 一群中国文人

门，开在后院墙上，直通城墙。这样我们就不必穿过那些叫人难以忍受的街道，可以直接登上城墙去散步，居高远眺四周的美景。"你这样就让好运进来了，"南方被认为是福地，"你们看吧，你们这就会拿到争取了好久的特许权呢。"这也给说中了。

此刻父子俩在遥远的北京，这个庞大的、几乎跟欧洲一样大的帝国的庄严首都。之前来拜访时，他们解释说正在一起在准备下一阶段的考试，即考进士。一旦考上，就能进入声名卓著的翰林院做官了。但是因为义和团事件引发的赔偿条款，所有考试都不得在北京举行，所以他们现在正准备去开封府。他们是怎么去的，等他们回来以后我要探个究竟，以后旅行会用得上。我那人高马大的丈夫跟他们开了个玩笑。出于他在中国生活多年的经验，他向那个年轻小伙子——肩膀已经塌陷，双颊已经苍白——深深一鞠躬，说："我希望你当上大官后会保护我。"那个孩子并不认为这是个玩笑，认真而诚恳，一脸严肃地答道："我一定会的。您可以放心，我会尽我的全力帮助您。"同时也恭敬地回礼。

稍后他俩就告辞上路了。他们满腹学问，却对我们认为最值得学习的知识一无所知。值得一提的是，在那次他们同时通过的考试中，除了传统典籍，还要求写一篇时文，题目非常重要——"如何与外国保持和平关系"。小伙子的文章出类拔萃，在朋友们中争相传抄。不用说，不论概念还是论证，文章都空洞无力。但是终其一生——这个可怜的小伙子如果能活下去的话——他将记得他得中进士的这篇文章的主题。我们也相信，他会相应地友好对待外国人和外国观念。

　　我丈夫送了他一副小球棒，劝告他每天做些锻炼，以增加胸部肌肉，他谢着答应了。想想都可怕，他那瘦小的身躯、佝偻的胸腔和塌陷的双肩得容下多少传统典籍啊！不过他还没有开始戴那种巨大的圆框眼镜，那是中国学者的典型标志。

第二十章　前车之鉴

以下令人发噱的记录源自一段真实经历，为此我必须感谢一位男士朋友。如果一位女士在北京去政府衙门办事，会被认为有失身份。自然地这种事不太会发生。我的朋友当时高兴地记录下他的经历，投稿给一家当地报纸。

"在得知我最好去本城的专设机构注册我那宝贵的商标并且了解了正确的步骤之后，我立即开始行动。为有意学习此中诀窍的人着想，我在此详细记下我的经历。

"所有到北京来的外国人，不管是经商还是旅游，都下榻在使馆区附近，除了列强的使馆之外，主要旅馆、商店和外国传教机构都设在区内或周边。使馆区毗邻北海和火车站，与著名的外务部相距不远。如今规模宏大的海关总税务司——他们在北京常驻有大批官员——同样在此，即内城的南城和商业区。但是，'商部'却不在本区，没有任何人知道它在哪里。于是，在行动的第一天，我就不得不失望地放弃了预期的对注册部的拜访。好在我那聪明的本地'侍童'向我保证能找到这个衙门，并叫上人力车带我去那儿。

⊙ 北京店面

"第二天，我启程开始了我的发现之旅。就像所有的北京人力车夫那样，那位车夫跑得飞快，扬起的尘土叫人喘不过气来，带我穿行在错综复杂的胡同网中，东拐西绕，压过小山似的垃圾堆，淌过黑乎乎的烂泥塘，拿我的骨头——就算不是我的生命吧——冒险。这同我家乡的出租车司机如出一辙，他们同样也是宁走小道不走大路。

"途经一条大街人山人海，人们正在观看对一个罪犯的凌迟之刑，我好不容易从人群中挤出来。罪犯是个高官，所以这个事件才如此轰动。此人似乎是在1900年的动乱中屠杀了两户人家，霸占了他们的家财，最近被一位妇人告了，并被证明有罪，而依律行刑的。不过，我决定不受干扰，继续我的寻找商部之行。一位当时在场的欧洲人后来告诉我，场景极其悲惨。凌迟之刑被一丝不苟地执行了，一片片人肉被割下来，扔进人群，引起一阵阵哄抢。在中国，我们仍然生活在中世纪。

"人力车夫一路问去，最终我们找到了商部。它在城的西北角一条偏僻的街上，距使馆区足有三刻钟的路程。出乎意料的是，它位于一座宽敞的中国'公馆'之内，带有传统的庭院和亭台楼阁，都崭新而且一尘不染——跟著名的外务部所在的棚屋相比更是天上地下了，尽管后者是为皇帝办理跟外部世界的交涉的。事前我已得到警告，我的拜访将会遭到质疑，并在这原本死水一潭的衙门里搅起些波澜来。尽管我看不出为什么会这样，因为我决心要办的只是一件普通的商务，而去拜访的正是专为此目的而设立的官府。然而，中国的官吏生活在疑心重重的环境之中，对外国鬼子就更怀疑了。可能正是因为这个原因，我递进名片之后，在门口台阶上的冷风之中足足等了 10 分钟——按我的表——才终于有个苦力出来，问我有何公干。要跟他解释清楚我是来注册一个商标的还真是困难，中文在遭遇到新奇的外国概念时颇为僵硬不便。不过，他最终总算看出了若不见到某位大人，我是绝不会离开的，于是再次把我撇在台阶上走了进去。又过了 5 分钟，一声欢迎之词——'请'传了出来。那个苦力高举着我那张看上去并不怎么体面的白色名片，领我进门。

"穿过几重庭院和低矮的门洞，我终于被带进一座由 8 根柱子支撑、镶满玻璃窗的大厅。我从朝南的大门进去。朝北有一个同样的门，通向又一个庭院。尽管有一座日本屏风挡着，北风还是呼呼地穿门而入。宽敞的大厅铺了一块外国地毯，中央设一张盖着艳俗的桌布的大桌，配上 4 把洋扶手椅。靠墙有茶几数张，各自配有两把洋椅。苦力，亦叫'听差'，出去了，我在冷风中又煎熬了 5 分钟。然后该人回来，手托一个烟灰缸，一盒日本火柴，端端正正地放在大桌的正中央。又是良久毫无动静，才有第二个人出现，端来一把茶壶，庄重地放在一张茶几上，然后走了。随即第一个听差又回来，倒了一杯茶在一个洋茶杯中，恭恭敬敬地放在我面前，然后退了下去。终于，'大人'本人从北门现身了。简短地向他介绍了我在天朝（Celestial Empire，即大清王朝）的履历，我们开始谈正事。吸过几支第一个听差在此期间放在火柴盒边上的香烟之后，我们的对话转入正题。

"'不错，这儿是商标注册处，目前已全面开始办公了。'

"'已经处理了许多申请吗？'

"'是的，有那么几件。'

"'有欧洲人的吗？'

"'没有，至今还没有。'

"'那都是什么人的呢？'

"'大部分是日本人的，也有几个是中国人的。'

"'大人您能恩准我看看注册簿，并给我相应的申请表吗？'

"我在海关税务司见过那些东西，但是该司并不直接办理此事。

"'注册簿看不得，申请表也还没印出来。'

"'那么，我送到上海去注册是不是会更好更省事呢？'

"'啊，那不行！这里是总部，在我这儿注册更可靠。'

"我的朋友这时招来一位书记，让他把两张必需的表格以精美的中国书法手写出来，他又出示了一本《注册章程》，让我注意最重要的几条，尤其是第16条。该款规定了呈交商标印戳的形式和尺寸，即大不过3乘4英寸，厚不过10.5英寸。此时背后的日式屏风被风吹倒了，砰的一声压在我们和文件之上——这恰好提供了中止我们会谈的信号。于是，大人大方地赠予了我一本《章程》，共密密麻麻50页，并告诫带回家好好研读，照章办事——不要忘了回来并带上规费35两银子，相当于5几尼①。

"又喝了一杯茶，说了一连串友好的'请，请'之后，我离开了。花了颇长见识的一天，学习如何办事；加上此前学习这

---

① 英国币值单位，1几尼等于1.05英镑。

个可爱国家的风俗习惯的一天，总共两天过去了，可我还是没有注册到商标。"

当时的中国商标注册部还处于令人痛苦的混乱状态。在皇帝发了叫商务部开办商标注册业务的谕旨之后，德国公使穆默[①]就前去拜访外务部，逼迫该部许诺将注册商标一事延后两年开办，并据此知会了该国人士。因此，日本公使气急败坏地前去责问他们置谕旨而不顾意欲何为。饱受羞辱的大臣（庆亲王及其他人）于是否认给过上述许诺，说，当然啦，谕旨有效。与此同时，商务部正式开始承办注册，并被兴高采烈的墨西哥人弄得焦头烂额，后者大约有一万件商标亟待注册，而德国公使此时只能徒劳地抗议。

最初，商标注册部被外务部置于海关总税务司的掌管之下。后来商务部吵嚷起来，耗费巨款设立了商务部为的是什么，难道不就是主掌商务并收纳规费吗？所以外务部把它从精通业务并管理有素的外国海关手中拿来，放在了更名正言顺的商务部手中。至于他们是否能称职地保护商标不受盗用，还有待时间来证明。至今为止，似乎只有贪婪的官吏，以后可能还有法律专业人士将会是受益者。

---

① Baron Mumm（1859—1924），1900 至 1906 年任驻华公使。

第二十一章　五国军队

由于德国军队的状况已成为英国人日益感兴趣的主题，或许值得考察一下最近进入中国的不同国家的军队，他们在这里联系紧密，军官们有充分的机会研究各自的治军之道和成效。我绝对无意自充专家，将尽可能传达我所听到的原文的观点，尽量不用自己的评论来打断这些陈述。

所有英国军队在到达中国之时都预期会领教到德国军队的过人之处。最初，我们的军官非常惊讶于他们操纵武器的高明方法，惊讶于他们军队的规模，然而这只是将其跟法军、俄军和日军相比。在上海，最先派出的一个团，其军纪就令人赞叹，其士兵的行为堪称典范。在天津，他们看来是最认真而忙碌的，以至于我忍不住就此跟一个德国军官探讨起来。

"你们的士兵怎么会看上去总是忙忙碌碌的，不是步履匆匆在送信，就是在去操练或出操归来的路上呢？"他说："我们给士兵的操练量完全跟他们在柏林时的一样。我们认为有必要使他们总有事干，以尽可能减少他们的胡思乱想。你们英国人并不认真对待军队。你们的士兵是一流的，但是军官却太无知了。

他们从来不想训练或提高士兵的战斗力。至于法国人——噢，士兵们无所事事，四处闲逛。这就是为什么他们总是寻衅闹事，跟军官争吵的缘故。"

一些美国军官则认为，"你们英国军官是一流的。在这儿英国人跟我们犹如兄弟。至于德国人嘛，他们脾气很臭，从不跟我们打招呼。我们刚来时，一心想表现出对所有人的尊重，对所有国家的士兵都敬礼。后来呀，我们发现没有人会先对我们敬礼，而是都等着我们敬过礼后再还礼。我们就想了，为什么美国兵就必须总是先敬礼呢？于是我们也就等着了。如今只有英国兵和我们互相敬礼了。"尽管我发现美国军队随时乐于帮助我，比如让出他们的床铺，借出他们的救护车载着人们演唱"欧洲军队之花如宇宙般庞大"——以嘲讽德国军队掠夺那些原位于城墙上的古代天文仪器的行径。从一个女士的观点出发，我还是觉得在中国北方的军队中法国和意大利士兵风度最佳。不过，在我逗留期间发生过一起严重的斗殴，一个法国兵试图在黑暗里刺杀一个英国军官。我还是停止发表我肤浅的观点，努力传达专家的意见吧。

"最初，毫无疑问，德国军队的后勤供给和运输装备非常落后，简直就谈不上有运输。他们的食物必须在所到之处就地筹措。因为华北平原上食物很容易得到，他们最初并没有认识到还需要运输装备。他们唯一的一次进入山区恰巧有一支英国骑兵团相随。当德国兵耗尽了食物时，骑兵团的骡队帮他们把食物运了上去。在同一事件中，要不是同一骡队帮德国兵运去了弹药，他们早就被消灭掉了。那是在 1900 年的 10 月，靠近保定府的山区里。他们随身携带很少的弹药，储备装在一辆四匹马拉的大车上。英国兵总是带 100 发子弹，必要时可以带 250 发。德国军队甚至也没有携带饮用水的计划。他们曾笑话我们的步兵团拥有 108 头骡子。但是等他们发现我们可以凭此在一块荒芜得像台球桌一样的地区行动 10 天、同时拥有备用弹药、并在生死关头帮他们一把时，他们就笑不出来了。他们从德国运来的装备都装在重到无法装卸的大箱子里——英国商店的包装只重 60 磅——还有，他们需要的冬装到了春天才运到。他们的野外演习也很可笑，大批士兵以密集队形行进，目标明明有 500 码宽，他们却集中在一码之内。真不知道为什么他们要把大部队排成在 2000 码外就能打中的队形。他们的军纪糟糕极了，显然造成了在天津时跟法军关系的紧张。德国兵当时故意挑衅法国人，极端粗鲁好斗。即便有人向军官们指出，他们对此也不闻不问。德国军官绝对不是像我们以为的那样有文化有教养，甚至大部分都不像我们在中国的军官那样通晓多种语言。英国军官大多能用德、法、俄语自由交谈，有人懂其中两种甚至三种语言，这一点让我们很有面子。毫无疑问，德国兵极其嫉妒印度兵，看不得他们为我们打仗而德国却要挑选志愿者为国作战。他们也不喜见在跟内陆印度兵冲突时，他们老是占下风。他们的先遣部队造了汉沽（HAN KU）桥，在通车典礼上喝得烂醉。后来呢，我们的工兵和中国铁路工人不得不加固和支撑它，以免它被流冰冲走。最近，铁路沿线的站台上堆满了小型军用小火车头、铁轨、活动营房、衣帽架、步枪架、马槽，以及一切可以想见的东西，全是从德国运来，要送到北戴河去的。看起来是一种极大的浪费，运送它们也一定是件麻烦事；至少对我们来说是这样，因为车厢都被这些玩意儿占满了。有一次在唐山，德国兵的行为太不像话了，被告到了瓦德西伯爵那里。从那以后情况就大为改变，他们成了颇为礼貌的人。

"印度兵仇视和厌恶德国兵，这真令人发噱。他们说德国兵是恃强凌弱之辈，面对武装的人就软了。不管怎么样，他们没有什么可让我们学的，虽然他们花了绝大多数时间又是画图又是拍照，报道我们治军之道的所有细节。他们最终从印度和英国拿到了一批卡其布。一个年轻德国军官告诉我：'当然了，卡其是一项德国发明，而且是非常杰出的发明。'他们也得到了一种软木卡其头盔，就像我们戴的那种，但是又在檐上加了一个巨大的铜制德国鹰，真是把它给糟蹋了。

"在许多方面法军都比德军优秀。他们伙食丰富，在寒冷季节服装也充足。他们无意模仿任何人或学习任何东西。他们有一种骡车作为运输工具，看上去不错，但是他们的驮骡不好。那么，人们忍不住要疑惑，他们怎么就会被德国人打败了呢？因为从单个兵来看，法国兵，除了他们的陆战队，比德国兵更优秀更坚强。骑兵很棒，不过跟步兵一样，因极其糟糕的皮革装备而受罪。他们是杰出的马夫，看得出来，骑兵团的非洲马总被精心照料。他们的骑术也很不错。所以呀，当听说一个团的佐阿夫兵①（Zouaves）跟旁遮普轻步兵一起，去山海关解救被土匪围困在山里的一队旁遮普士兵时，他们居然畏缩不前，人

———————

① 法国旧时的一种轻步兵。

人都难以相信。双方刚交上火，有那么一两个印度兵和一个法国兵被击中，整个佐阿夫兵团立刻四散躲避，拒绝挪动一步。几经劝说他们还是拒绝前进，英国上校斥责他们不如回家去吧，指挥第四旁遮普步兵团冲锋，杀死和俘虏了不少中国人。而佐阿夫兵坐着一趟特别列车回到山海关，一到站就欣然拥抱后勤部的人员，接受他们的感激，'我们勇敢的同志们！'第三旅的本地骑兵团如今十分看不起他们。尽管如此，他们还是比德国兵更有礼貌；除了几个天津兵团，主要由一些游手好闲之徒组成，在法国炮舰到达之前处于一种哗变状态，大多数法国士兵其实还是非常值得尊敬的。不过，这些家伙大多脏得很。法国佐阿夫兵的临阵脱逃是不是可以解释为他们是被迫从全国各地强征而来的呢？看来把人变成士兵是一回事，而叫他们愿意作战则是另一回事。"

"俄国兵嘛，"向我提供消息的人继续道，"就我的了解，还算不错，热心助人，却吃得极坏，根本就拿不到饷钱。脑瓜很笨，只会按指令行事。一旦接到命令，他们就死守不放，谁想叫他们改变主意那注定要遭殃。要是附近没有一个俄国军官取消命令，天下没有任何力量可以阻止俄国兵不折不扣地执行它。他们最早进行抢劫和谋杀，这帮可怜的魔鬼！也难怪，因为这是他们从小就在战争中学到的。我从未见到过这么善良、驯服的一帮奴隶。把他们跟军官们分开，好好对待，结果会好得很。"一位向我提供消息的人接着说，他曾经领导过一些俄国兵。给他们啤酒和面包，以补充给养的不足，从那以后他们尽心尽力地为他工作。"印度兵把他们当朋友般信赖，"他继续道，"并不把他们当作可怕的敌人，因为他们枪法差，散漫无组织，又仇恨军官。另外，他们只带一个小小的弹药袋，用马车作运输工具。这在中国旱季时还凑合，但是在其他地方就不行了。军官们自然都出身于小资产阶级，除了个别从圣彼得堡来的职员是例外。"他接下来详述起英国军官跟其他国家军官的差别。连美国人都注意到了，其中有一个说："跟世界上一切军队相比，你们军队的最大优势在于你们的军官都是绅士，而其他军队的军官一半都没有。因此，英国士兵尊敬长官，自动服从命令。在其他军队里这种情况是不存在的，只有靠残酷的暴力或严格的军纪。"

"美国军队似乎是被当成企业来管理的，每个军官都被分派了无数事务。在中国的整个美国部队只有一个工资出纳和一个职员，两人负责一切账户，到处跑，亲手给每一个士兵和随从人员分发工资，省掉了额外职员和对账单的费用。士兵跟军官平等，说话语气也无尊卑之分。他们的需求太大了，以至于后勤商店简直就是个小型的陆军和海军合作社，没有办法叫它们快速搬迁或远行。不过他们是我们最好的朋友和最优秀的伙伴，无忧无虑，心地善良，随时把我们英国兵当成兄弟。"我当然有充分理由证明美国军官心地善良。令我惊讶的是英国军官其实才最别扭、最不愿意表现出一点点善意。是因为严格的纪律使然，还是天性就很难说了。他们当然是很友善的人啦，只是不愿意像其他国家的军官们那样乐于表现出来而已。不过，最高的评价照例要落在日本人身上。

"日本佬是天下最好的小人儿了，总是乐呵呵、笑眯眯的，又跟狮子一样勇敢。他们的机动性棒极了。今天这儿全是日本兵，第二天就一个都不见了，而且谁也不会知道他们去了哪儿，直到突然一下子又在别处冒了出来。士兵自己背很多的东西，其余的用马驮。他们正在学习用疏散队形前进和攻击。以前他们是成队列这么干的，直愣愣地冲，不管伤亡大小。如今他们发现散兵队形更为经济。我们跟日本军官和士兵都相处融洽。大家都同意一旦跟俄国开仗，日本人肯定会占上风。他们是一帮拼命的家伙，迫不及待要教训俄国佬。"

向我提供信息的人又回到德国人身上来。他们当中的很多人似乎正在日益英国化，穿英国的骑装，找英国军官的裁缝做衣服，去英国军官俱乐部打网球，赛马。他们因此变得非常受英国军官的欢迎。几位法国、俄国和奥地利军官也效仿，同样受到欢迎。英国军官似乎没有意识到，如果他们也去适应一下其他国家的习俗，或许会使关系更融洽。在这种各国文化汇集的地方，他们也可以学到些别人的长处呢。比如，从法国人那里学会如何设立战地伙房，为士兵做出鲜汤佳肴，又比如怎样管理随军酒吧而不导致酗酒。请允许我作为军队管理的门外汉再多说一句，我在天津和北京时，很惊讶地看到英国军官们在闲逛时缩头奋脑的样子。尽管不希望他们乱摆架子，但那模样绝对不可能得到其他国家的士兵和军官的敬畏甚至尊重。他们看起来像是只想完成任务的毛头小伙子，没有一点威严。在国际联合部队里，威严是非常必要的，当然也很重要。上文中专家的描述固然有趣，在外行人看来，普通德国军官急切而投入地想要效仿其他人或向他人学习，至少表现出他们对自己军事生涯的热忱，及对任何外来文化不带成见的开放心态。不过，上述评论以其丰富的细节叫我大感兴趣，请原谅我又要加上一些自己的意见。让我略觉奇怪的是，军官们非常在意士兵是否恭敬。我常听说，劳工们尤其欠缺这种品格。作为男人，这似乎很可悲；但对劳工来说，这无关紧要。希尔人[1]似乎也不懂得礼貌，但却是顽强的战士。不过，我的意见未必正确，因为我对军队的事无知得很，比如，我完全看不出德国兵壮观的阅兵式有任何价值：他们把脚踢得高高的，又砰地重重落到地面，脸和牙齿皆因紧咬双颚而颤抖，神经高度紧张。这或许非常中看，但显然不是战斗，至少不是我所理解的战斗。长长的一列士兵，衣着简单而不显眼，各自离开很宽的距离。每个人都目光犀利，占据着每一个有利地形，射手技艺精湛，弹不虚发，这才是我所认为一支部队所需要的。不过，这只是一位女士对军队的看法。士兵们不需要华而不实的东西，也最好不要被它们引入歧途。

我们的军装看来确实比旧式的更实用，但领子仍然太高。很遗憾我们的军官不戴俄式军帽，它们看起来很舒适，也没有配置俄国人的那种好用的大衣。这两款衣物都再实用不过了。另外，一定有什么办法训练士兵不要喝酒吧。士兵们自己认为，愉快的心情、充足的新鲜空气、广泛传播的自我提高的意愿、让双手能从事更多样的工作、实现自我价值，才是正确的。一些日本伤兵因请求旁听孩子们上课，而同英国人成了朋友。当

---

① 南非的荷兰后裔。

英国家庭要离开，把香烟作为告别礼物赠给他们时，他们却拒绝了，说不知道这对他们的健康是否有益，也不知道医生会不会允许。当被问到想要什么做纪念时，他们说，纸就好，那样他们就可以继续练习写字。

　　有什么办法叫英国人也有同样的头脑吗？如果可能的话，找出日本军官最关切的是什么一定很有趣。可惜在我们的北京之旅中并没有发现什么。

第二十二章　旅顺之行

　　我的最后一次探险是旅顺之行。我先到烟台，离开了我家的花园，也离开了北京，即将换乘俄国的轮船，横跨渤海海峡去旅顺口。入夏以来，战事将起的谣言弄得人心惶惶，让人以为如果再不去看看，它的俄罗斯风情就会面目全非了似的。但是战事至今尚未发生。我坐在一条小船上，忧心忡忡地驶向那条估计是完全俄式的轮船。我持的是一本旧护照。俄国驻京公使馆不肯处理，说旅顺并非俄国领土。可是如今我却被告知说，每个前去那里的人都要持附有俄驻烟台领事馆签证的护照，同时还要有一份特别登陆证。我二者皆无。当我得知这些要求时，办公时间已过，俄国领馆已经关门。跟对付那些不公正的船员一样，我如今的计划只有广交朋友了。在轮船上吃晚餐时，我发现同桌有四个男子，看上去像是高级船员。晚餐乏善可陈，不过提供了结交朋友的便利。交谈片刻后，我发现这些高级船员没有一个是真正的俄国人。一个人大言不惭地自称叫莎士比亚，来自英国，却跟其他几位一样，一句英语都不会说。又有一两个乘客上了船。有一个是来自天津的德国商人，当天上午我就找机会结识了他。令我庆幸的是，他有一条多余的毛毯。我是上来后才发现，这条船跟我上次西伯利亚之行所乘的船一样，铺位上除了床架并无他物。俄国人跟中国人一样，旅行总是自带铺盖的。船员说，冬天会提供毯子，可时下还不到冬天。尽管这已是10月末尾了。我深深感谢朋友的这块毛毯。

离破晓还早，我就起身上甲板去看这一著名军港的入口。匆忙之中，我把手表忘在了枕头底下，从此我就再也没有见到过它。离开烟台的前一夜旅客中共有六块手表被偷。人们认为哥萨克人难逃嫌疑。我这条船上也有哥萨克人，但一般来说他们是进不了头等舱的。话又说回来，参观头等的军事要塞总得付出点代价嘛。在朦胧的夜色中，它看上去阴森可怖，令人敬畏。两边山顶上突出的黑色物体，我渐渐地才看清楚，就是那种巨型大炮。驻北京的《泰晤士报》记者在上一次拜访时曾言之凿凿地告诉我，任何船只一进入它们的射程便难逃厄运。入口对面，那些我最初以为是岛屿的东西也显现为军舰。其中一艘是五个烟囱的"阿斯科德"号。入口看上去很窄，夹峙的高地上大炮林立，人们不由自主地敛声屏息。要是哪一门炮走了火，那还了得！随着船缓缓前行，一门接一门的炮看上去直指着我们。我必须承认，右边山顶上高耸的物体当时跟大炮一样令我胆战心惊，后来才发现它不过是马可尼无线电报装置。同样叫我害怕的还有基地上烟囱形的狰狞物体，其实是电容。城市背后山上两座白色的尖尖的金字塔形建筑当时在我眼里也神秘莫测，事后才知道它们仅仅是用来引导船只进出港口的标志。由于无知，它们在我看来都一样可怕并预示着战争。阴森森的

⊙ 旅顺入口

灰白晓色中，几条挖泥船噗噗地喷吐着白气，一艘鱼雷快艇飞也似的从我们侧面掠过，军港里一片匆忙的气氛。我们身后的出口看上去狭窄得叫人担心。

我从未想到要孤身来旅顺，而身无护照就更令人不安了。可是上岸时既没人查验护照，也没人盘问我因何而来。事后人人都觉得这不可思议，但事实确实如此。一上岸，我立即惊奇地发现，所有的码头上都高高地堆满了木箱，而且都一模一样。一路上都是如此。"你为什么要知道箱子里是什么？"我的德国朋友问，"你不是想买了它们吧？"

"旅行不就是为了得到信息吗？"我回答。

我问到的第一个中国人笑着答道："伏特加。"

"伏特加！"我激动地喊道，"为什么有这么多的伏特加呀！"

"噢，他知道你是英国人，想让你高兴高兴。"我的德国朋友说。

"你再问一个人。"我回答。

他照办了。答案是一样的。我们继续行进，不断有一堆堆高高的伏特加，他的态度也由怀疑转变为惊诧不已。后来一个俄国朋友告诉我，出于差错，极大一批托运的伏特加被送到这儿，既无法全部运出去，也无处可以存储，就这样被滞留在海滩边了。

我们首先步行直奔新旅顺而去，人们肯定地说那里有最好的饭店。我们为即将到口的美味早餐而振奋，因为轮船上的食物实在不怎么样。一路上我们还驻足看了不少景点：小火车站；跨海大马路，过去只是条常被海水冲刷的小道；俯视新旅顺的

⊙ 旅顺外港

小山上那巨大的砖石基础，还有很多新楼和花园。后来我才知道，山顶那座基础上待建的不是我们以为的城堡，而是一座由政府出资修建的教堂。后面位于一座漂亮花园中央的堂皇建筑也不是我们所断定的阿列克谢耶夫元帅①的官邸，而是市政当局正在建造的新旅馆，紧邻着刚刚设计好了的公园。饭店到了，它看上去太妙了，可说是远东最时髦、最招摇的饭店。我们高兴地就了座，开始点菜，却被告知说，天哪！厨房要到好几个小时后才开张呢。没有办法，我们只好叫了一辆马车，沿着跨海大马路回去，转向另一条通向旧旅顺的马路。那儿也有一家别人向我们推荐的饭店。饭店相当漂亮，可以远眺伏特加堆后面的海滩。尽管早餐填饱了我们的肚子，老板却显然正在遭受我相信是名副其实的英国舞蹈病的折磨。我的德国朋友哈哈大笑，觉得英国女士对猜测被证实一定很满足。可是我却郁郁不乐，对早餐的胃口也倒了一半。

不过，透过玻璃门看外面人来人往还真有趣。女人们穿着奇装异服。我当然不应该仅凭衣着取人，可是在清晨时分穿着一件肮脏的裙子，加上一件深紫色镶花边的天鹅绒外套的人，让人没法尊敬。一个年轻女子从山上下来，帽子上插着一根猩红的翎毛，鞋子与之相配，却有人告诉我说她是一位海军上将的女儿。就像天津一家旅馆的老板所说，自从被八国联军占了，"就很难单凭羽毛就知道是什么鸟了"。他抱怨的是，到达的时

---

① Evgeni Ivanovitch Alexeitt（1843—1918），1894—1895 年甲午战争时任俄国东西舰队总司令，1898 年春率舰队占领大连，翌年任"关东省总督"，1900 年参加镇压义和团，1903—1905 年任"远东总督"。

⊙ 新旧旅顺间的堤道

候行装最整洁、头戴最素净的小水兵帽的人，后来却被证明是
最令人讨厌的房客。

　　早餐之后，我去递介绍信。那位杰出的军队承包商在我看
来是全旅顺最有趣的人。来之前我已听到对他的许多赞扬。我
一递上介绍信，他就满口应承，把所有的事都包了下来，我不
必再麻烦他人。我被告知，旅顺当时并无旅馆，只有些临时的
住房。男人们可在那里租房住，外出吃饭，房间狭小、条件恶
劣。人人都说这种地方绝不适合女士栖身。这样一来，他的慷
慨就更可贵了。旅顺似乎已成了俄国人聚集地，然而没有一家
体面的旅馆，不过它将要有一家华美的旅馆了。公园中的小径
都已规划好，一座装饰性水景和供乐队演奏的露天舞台也各就
各位了。听俄国人说起它来，你简直就像已听见了乐队演奏，
看见了雍容华贵的女士和绅士们驾车往返于跨海大道的林荫之
下，尽管那些树尚未种下；还可以欣赏到耗费巨资，即将在那
些巨大的基础上建造的教堂。新旅顺的这一切是大连逐渐没落
的原因，正像此前旧旅顺因为大连的崛起而没落一样。有许多
漂亮的商铺正在建造之中，那一排属于德国孔士洋行（Kunst &
Alvers）的楼宇尤其华丽。该洋行从事西伯利亚贸易，将有店
铺在此开张。漂亮的马路四面延伸，两旁都是华屋。最华丽的
屋子是由我的朋友、那位杰出的军队承包商，为他自己和雇员
建造的。他还指给我看，在旅顺西侧众多的小湾之一刚规划的
一座新海滨浴场。他在那儿也正在造一座花园住宅。旅顺口因
为港湾众多，在自然景色上远胜青岛和威海卫。对于那些偏爱
更干净的水域的人，港口之外东南处的金山脚下，已经有一个

浴场可供使用了。对一个几乎完全被陆地环抱的港口而言，不管它有多么大，有这样的水已经很不错了。

当然啦，我首先被带到旧旅顺区——按理外国人是不许去那里的，既然我去了，那就大约谁都能去——去看那些码头和码头上正在进行的工程，还有前总督用作府邸的非常简陋的房子。我还看了水兵俱乐部，前天晚上那儿还举行过一个舞会呢。它看上去也十分简陋。然后我们走访了中国区。直到那时我才意识到，旅顺正在进行的一切工程归根结底还是由中国人在做。我注意到一件事，出于某种原因，我已经记不得是什么了，当时陪伴我的男士气愤地对一个沿路而行的中国人喊叫起来。后者以出奇迅捷的速度跳到路中央，其姿态显而易见是准备着被踢一脚。我自然做了这个推论，但一位俄国朋友马上告诉我，中国人在旅顺得到的待遇比其他任何地方都好。这也许不错，但在我所熟悉的其他地方，中国人并不会如此迅速地跳出来挨打。旅顺的中国人大多来自山东。生活在山东的友人向我描述过中国人，特别是女人，过去的遭遇有多么悲惨。

因为太远，我没去看那个举行过大阅兵式的大操场。那种军威曾经给所有记者都留下旅顺堡固若金汤的印象。我看见了一座操场和几排作为临时营房的平房。兵营并不显眼，不像天津，壮观的兵营随处可见，尽管人们说青岛有 4000 德国士兵，而旅顺有 40000。据我所见，我估计当时旅顺的军人不会超过15000 人。即便如此，他们的住宿条件一定很差。他们工作过度，食不饱腹，一看便知。可怜的俄国兵！可怜的俄国人！被迫从军，远离家乡，耳闻无非是"笨蛋，蠢牛"之类的辱骂，而他们本身就如牛马一样。他们糊里糊涂地卷入了俄国征服世界的阴谋之中，忧郁而愠怒地行进着，挺直身板是因为无奈，脚不停步是因为命令，但是神情困惑，垂头丧气。即使俄国的阴谋得逞，损失最惨的一定还是它自己。这么多的年轻婚龄男子被迫远离母亲、姐妹和爱人，整个东西伯利亚及旅顺都碰不到那样的女人，他的人口将怎样增长呢？

在这个题目上，我的热情的主人非常直率。他说他无数次地提出过忠告，不要贪多嚼不烂，在旅顺和大连，俄国已经捉襟见肘了。"你等着瞧吧，"他说，"或者不如说我们是看不见了。再过 50 年，中国人一定会成为远至贝加尔湖的主人。俄国的西伯利亚会缩回到西岸。要是他们继续如此草率行事，这一定会变成事实。"

他的房子当时已经没有了地毯和扶手椅，它们被征用了去接待当天到达的波斯代表团。"他们总是这样，"他说，"到我家见什么就拿什么，甚至当着我的面，去装饰那些客人的房间。你瞧，这一下你就没有别的选择，只好去大连过夜了。不过你必须在这儿吃了晚餐再动身，因为你要到 10 点半以后才能到那儿。噢，那儿我也会安排的。我的一个侄女今晚也去那儿，她会来接你，这样你就不会在夜车上感到孤独了。"再没有比这更热心体贴的了。不过火车拥挤得很。行程总共 3 小时。说来奇怪，旅顺还要依靠大连来提供旅馆。更有甚者，我到达之后，接待我的先生告诉我，旅馆已满，他不得不替我在专给男人租住的房子里安排了一间屋子。这种房子是受总督之命匆匆装修而成，以补旅馆之不足的。房子装修得非常漂亮，配有鞍形安

⊙ 大连景观

乐椅和沙发，床后墙上悬着一幅巨大的挂毯，就像在俄国常见的那样。但是，天哪，也是没有被褥！不过一卷毯子送来了。我锁上房门，认识到我是孤零零地身处大连的华屋之中了。我的手表已丢，我的雨伞也找不到了。我反复锁了几次门，查看了窗户。

当然，一到大连就有人告诉我，大连将军在最近的战役中是怎样迂回从后方攻下旅顺口的。这是公认的说法。不知在实际战斗中是否有这么容易。我当时认为，通讯联络应该是最容易被切断的。这样一来，要是俄国人真有那么多商店提供储备，这不是跟之前的说法自相矛盾吗？即便他们有足够的供给，这么多男人挤在如此狭窄的空间，以他们的卫生习惯，瘟疫又是怎样避免的呢？供水又是一大难题。如果我是他们的对手，我想我会一炮也不发，只是坚守堡垒，让他们自作自受！与此同时，要是开了炮，那一定也是威力无比，因为港口内若停了很多船的话，它们一定是全挤在一起的。至于出口，见过实地之后，我实在看不出他们有什么妙法突围，因为那个狭窄的出口一次只能容一艘军舰进出。

不过这一出闹剧虽已开始，但还未演到痛苦的结局，所以现在一切还只是猜测而已。

俄国人擅长用迷人的风度和花言巧语，让人把他们正在计划甚至仅仅在思考之中的事情，信以为真。报纸上有关大连的报道便是他们这种伎俩的最好证明。我从未见过这么死气沉沉的地方，尚未出生便注定夭折。它建造得相当漂亮，规划也很精巧，所有的街道都被安排成扇叶状——不管是炮艇还是海风，都可以轻而易举地长驱直入。相邻的房子不允许使用同样的风格，这种规划是好是坏呢？在同一条街上，中国楼阁挨着纽伦堡家宅，对面则是18世纪初安妮女王时代的建筑，或老式的俄式小楼，这场景不但令经过之人哑然失笑，同时也产生荒谬之感，自然让人觉得不会长久。

所有这些房子都建得如此仓促，以至于人们肯定地说，没有一扇房门或窗户是严丝合缝的。这些新房子的外观都已呈现陈旧之貌，很容易让人联想到它们已经坍塌粉碎的样子。我听说里面都住满了人，但我没有见到任何商铺。只有一所房子里堆着用于制作泛西伯利亚铁路上的列车座椅和设备的木料。火车和轮船之间并无有组织的商业协作，令人吃惊的是车站居然连屋顶都没有。当时的计划是在不远的位置会建造一座新的火车站。他们吹嘘着这座新车站的种种便利，它同样变成了人们口耳相传中的"伟大车站"了。但在旅顺口我听说过另一计划，火车将直接驶到旅顺口，将注定没落的大连整个甩开。后续事件却否定了所有这些计划。事实是，当时大连那座只是临时性的车站，成为西伯利亚铁路的终点。这条铁路的建成立刻将去欧洲的距离缩短了几个星期，而且费用减半，远东的外国居民为此欣喜若狂，每个人都恨不得年年夏天都回家一次。

当我离开大风侵袭下的大连时，见到海岛避风处泊着13艘俄国大战舰，像是预告暴风雨即将到来的乌云。这么一个空洞而徒有其表的地方却一直被视为对英国贸易的一个严重威胁，这点颇让人恼火。没有总督的准许，或者不如说命令，无人胆敢在大连开旅馆。而烟台这个拥挤的小城，虽然没有任何现代设施，其贸易活动却要比青岛、大连和旅顺三地的总和还要多。我不禁想起在大连有一次开车去乡下，我相信那是当时唯一的一条马路。马路的终点是一片墓地。一个小孩的葬礼是我见到的唯一一次公众集会。人们夸耀这个港口位置如何优良，有天然的庇护，但是风沙却如此之肆虐，以至于无人敢打开窗户，或者睁开眼睛。

从海路回旅顺口时，最让我担心的事终于发生了——护照检查。我没说话，镇定地递上了我的护照，同时坐下来——准备接受任何结果。刚上船时，人们就已经告诉过我，风浪太大，船没法靠岸，连旅顺口码头都不行。我估摸着最坏的结果就是被递解出境，这点我已经自愿接受了。不过总得先争辩一番。俄国官员花了很长时间检查我的护照，以至于我有足够的时间把所有理由都思考了一遍。护照是好几年前办的，没有签证，原本只是打算用于西伯利亚旅行。俄国官员最后把护照还给了我。他对我一鞠躬，用磕磕绊绊的英语，字斟句酌，但很清楚地告诉我说："您的护照没有问题！"我以为他是在检查护照，他恐怕是一直在思索英语句子和发音吧。他的确认当然让我很高兴。

没人能从我们的轮船上岸。海浪实在太大了，船不得不泊在旅顺港水面上颠簸了一整天。不过当天早些时候，一个波斯代表团设法出港搭上了我们的船。代表团成员有阿里·阿斯格可汗，他在出访之前还是总理；玛哈地·郭利可汗，来自教育和电报部；还有其他几位先生。此前他们曾不得不睡在车站的火车车厢里，这种待遇让他们颇为不满。地毯和安乐椅只是良

⊙ 大连景观

好意愿的一部分，跟许多其他东西一样，从来没有实现过。我从没跟波斯人交往过，却惊讶地发现即使在相当困难的境地之中，他们也非常风趣幽默。

风浪太大了，没有船能靠岸，也没有船能出港。最后船长的抗议终于奏效，港口调度允许我们启航。我们一路饱受颠簸，谢天谢地，终于在烟台港外围的群岛找到了一个避风之处。波斯人全都晕了船，程度不等。困在船上的日子出乎意料的漫长，我记得有整整四天。波斯人真是再出色不过的旅伴了。他们在开启这次旅程之前似乎全都是高官显要，让人不禁疑惑于他们此行的目的。他们给的理由是厌倦了平淡的生活，这很难让人信服。他们的路线也很奇怪，先到旅顺，然后是烟台、北京，"最后是东京！"他们先后快乐地笑着答道，仿佛那就是他们将要到达的港湾，此行的真正目的地。

我们在北京自家花园闲居的那段时间，有几个印度亲王曾来拜访，我注意到他们都从东京来或者将去东京。井上[①]伯爵多年来一直在策划以亚洲联盟对抗分裂的欧洲。看来这并不仅是纸上谈兵，他的特使们至少已远及波斯。但是既然战争已经开始，让我们希望日本的胜利会对井上伯爵梦想的实现有所助力吧！亚洲人拥有远较欧洲更为源远流长的文明，却遭野蛮好战的欧洲人任意宰割，这绝不应该是上天的安排。即将发生的变化意义深远，可能会超出我们大多数人的想象。如果满族统治为的是本国人民的福祉，英国统治为的是印度人民的福祉，

---

① 指井上馨（1835—1915），曾任日本外务大臣。

⊙ 蒙古亲王居住过的房子

法国统治为的是东京、安南和交趾支那①人民的福祉，那么——
为了人民——不妨让这些统治继续下去。但是如果他们，哪怕
其中任何一个，仅是为了给统治者聚敛私财，亚洲各国难道不
应该组成一个强大而有力的联盟，用武力震慑而不是屠杀来推
动变革吗？

　　无论如何，在今后的几年里中国一定会发生巨大的变化。
中国人正在寻求科学之道。各地都可以看到日本教官。即便是
北京，等我们下次旧地重游时，恐怕也会大不一样。所以对于
未来游客，这些篇章所描述的会是当年旧景，而非将见到的景
色。中国的胜景数不胜数，本书是对我们在其中一处度过的一
段快乐时光的小小纪念。后来我一直住在云南的一个花园里。
这里空气清新、云彩明媚，北京的漫天风沙和宏伟古老的建筑
的记忆也渐渐淡去，但是北京、康士坦丁堡、雅典和罗马在世
界历史上必定永远占据特殊的地位。是否有一天能把我们自己
的首都伦敦也加入其列呢？种种迹象已经出现了，就像中国人
所说的："如果命运之神笑了，谁能不笑？如果命运之神不笑，
谁能笑？"一座现世的伟大城市一旦开始向过去的壮观遗迹转
变，其没落速度总是呈几何级数而非算术级数。如果满洲第一
代统治者还统治着北京的话，他们绝不可能对日俄两国在其皇
朝的诞生之地及周围争战而袖手旁观。

　　然后，就像李鸿章曾经说过的，它成为了一个博物馆而已。
"遍访过欧洲之后，"他说，"我在你们的首都都见到了博物馆。

---

　　① 三地皆为现越南部分地区的旧称。

北京也有自己的博物馆，整个皇城就是个博物馆，在好几个世纪前就是了，可以跟你们最好的博物馆媲美——可是现在它成了废墟！"不过它很可能被重建，焕发出新的光彩。谁能够预见未来呢？把过去的破碎记忆重新串起来毕竟不会太难。

只有通过研究过去，和对人性的仔细考量，才可能预见未来可能会发生什么，或者更有现实意义的是，知道我们自己，不管是作为国家还是个人，应该谨慎采取什么行动。对党派领袖来说，应时而动可能足日。但是目光长远的政治家会从过去吸取经验，把握时机，塑造未来。

在处理人类有史以来最伟大的国家之一的命运这件事上，机会主义毫无用处，整个北京的历史就是证明。谁会相信，多少个世纪以来的卓越规划难道是错误的？全中国现在都认识到了，位于一个庞大帝国北方的首都，非但不能成为抵御入侵的壁垒，反倒随时会被狡猾的敌人控制，威胁整个国家的安全，这真让人惶惶不安。

熟悉中国的人都清楚，北京朝廷早已与中国其他地区没什么接触了。但是，即使衰败，中国依旧伟大、依旧美丽。

附录

立德夫人著作一览

1. *Flirts and Flirts; or A Season at Ryde. London*: R. Bentley, 1868

2. *Love Me for My Love*. London: R. Bentley, 1869

3. *One Foot on Shore*. London: R. Bentley, 1869

4. *Lonely Carlotta: "A Crimson Bud of A Rose."* London: R. Bentley, 1874

5. *Onwards! But Whither?: A Life Study*. London: Smith, Elder, & Co., 1875

6. *Margery Travers*. London: Hurst and Blackett, 1878

7. *Miss Standish; and by the Bay of Naples*. London: F.V. White & Co., 1883

8. *Mother Darling*. London: Field and Tuer, 1885

9. *The Fairy Foxes: A Chinese Legend*.（狐仙：一个中国传奇）Shanghai: Kelly & Walsh, 1890

10. *My Diary in A Chinese Farm*.（中国农村日记）Shanghai:

Kelly & Walsh, 1894

11. *A Marriage in China.*（中国婚事）London: F.V. White, 1896

12. *Intimate China; the Chinese as I have Seen Them.*（走近中国：我所见到的中国人）London : Hutchinson & Co., 1899

13. *The Land of the Blue Gown.* London: T. Fisher Unwin, 1901（穿蓝色长袍的国度，时事出版社，1999）

14. *Out in China!* London: Treherne, 1902

15. *Li Hung Chang: His Life and Times.*（李鸿章：他的生活和时代）London: Cassell & Co., 1903

16. *Guide to Peking.*（北京指南）Tientsin: Tientsin Press, 1904

17. *Round about My Peking Garden.*（我的北京花园）London, T. Fisher Unwin, 1905

立德先生著作一览

1. *Borrowing Boots.*（借靴）Philadelphia: J. B. Lippincott, 1800s

2. *Retrospect of Events in China, for the year 1875.*（回顾1875年中国发生的事件）Shanghai, 1876

3. *Through the Yang-tse Gorges, or, Trade and Travel in Western China.* London: S. Low, Marston, Searle, & Rivington, 1888（中译：扁舟过三峡，云南人民出版社，2001）

4. *The Rat's Plaint: An Old Legend.*（老鼠告状：一个古老的传说）Tokyo: London: [Published by T. Hasegawa; Sampson Low, Marston & Company], 1892

5. *Mount Omi and Beyond: A Record of Travel on the Thibetan*

Border.（峨眉山及山那边：藏边旅行记）London: W. Heinemann, 1901

6. *Across Yunnan & Tonking.*（穿过云南和北部湾）Chungking, 1904

7. *The Far East.*（远东）Oxford: The Clarendon Press, 1905

8. *The Fight for Kuling in 1892-1895.*（固陵之争）Hankow: printed by the Central China Post, 1924

9. *Across Yunnan: a journey of surprises, including an account of the remarkable French railway line now completed to Yunnan-fu.*（穿过云南）London: S. Low, Marston & Co., Ltd., 1910

10. *Gleanings from Fifty Years in China.*（旅华五十年拾遗）London: S. Low, Marston, 1910

九州出版社好书推荐

【历史现场】

《中国近代史》，蒋廷黻 著

《激荡的中国》，蒋梦麟 著

《1911，一个帝国的光荣革命》，叶曙明 著

《1919，一个国家的青春记忆》，叶曙明 著

《山河国运：近代中国的地方博弈》，叶曙明 著

《千古大变局》，曾纪鑫 著

《喋血枭雄：改变历史的民国大案》，张耀杰 著

《沈志华演讲录》，沈志华 著

《周恩来在巴黎》，[日]小仓和夫 著，王冬 译

《生命的奋进》，梁漱溟 熊十力 唐君毅 徐复观 牟宗三 著

《高秉涵回忆录》，高秉涵 口述，张慧敏 孔立文 撰写

《人间世：我们时代的精神状况》，余世存 著

《危机与转机：清末民初的道德、政治与知识人》，段炼 著

【历史与考古】

《中国史通论》，[日]内藤湖南 著，夏应元 钱婉约 等译

《历史的瞬间》，陶晋生 著

《玄奘西游记》，朱偰 著

《瓷器与浙江》，陈万里 著

《中国瓷器谈》，陈万里 著

【钱家档案】

《楼廊闲话》，钱胡美琦 著

《钱穆家庭档案》，钱行 钱辉 编

《温情与敬意》，钱行 著

《两代弦歌三春晖》，钱辉 著

【饮食文化】

《中国食谱》，杨步伟 著，柳建树 秦甦 译

《故乡之食》，刘震慰 著

《南北风味》，王稼句 选编

《南北风味二集》，王稼句 选编

【怀旧时光】

《北平风物》，陈鸿年 著

《北平往事》，王稼句 选编

《人间花木》，周瘦鹃 著，王稼句 编

《把每一个朴素的日子都过成良辰》，晏屏 著

《读史早知今日事》，段炼 著

《念楼书简》，锺叔河 著，夏春锦 禾塘 周音莹 编

【书话书影】

《书世界·第一集》，Bookman 主编

《鲁迅书衣录》，刘运峰 编著

《中国访书记》，［日］内藤湖南 等著

《蒐书记》，辛德勇 著

《学人书影初集》（经部），辛德勇 编著

《学人书影二集》（史部），辛德勇 编著

《学人书影三集》（子部），辛德勇 编著

《学人书影四集》（集部），辛德勇 编著

【JNB 笔记书】

《红楼群芳》，［清］改琦 绘

《北京记忆》，［美］赫伯特·怀特 摄影

《鲁迅写诗》，鲁迅 著

《胡适写字》，胡适 著

【长河文丛】

《旅食与文化》，汪曾祺 著

《往事和近事》，葛剑雄 著

《大师课徒》，魏邦良 著

《书山寻路》，魏英杰 著

《旧梦重温时》，李辉 著

《四时读书乐》，王稼句 著

《汉代的星空》，孟祥才 著

《从陈桥到厓山》，虞云国 著

《寂寞和温暖》，汪曾祺 著

《城南客话》，汪曾祺 著

《天人之际》，葛剑雄 著

《古今之变》，葛剑雄 著

【大观丛书】

《活在古代不容易》，史杰鹏 著

《快刀文章可下酒》，邝海炎 著

《时光的盛宴：经典电影新发现》，谢宗玉 著

《你不知道的日本》，万景路 著

《私家地理课》，赵柏田 著

《壮丽余光中》，李元洛 黄维樑 著

《一心惟尔：生涯散蠹鱼笔记》，傅月庵 著

《悦读者：乐在书中的人生》，祝新宇 著

《民国学风》，刘克敌 著

《大师风雅》，黄维樑 著

【历史地理】

《中国历史地理·第一辑》，辛德勇 主编

《史地覃思》，陈桥驿 著，范今朝 周复来 编

《山海史地圭识》，钮仲勋 著，钮海燕 编

《山河在兹》，张修桂 著，杨霄 编